여행家

여기는 행복한 家정입니다

KB194831

여기는 행복한 家정입니다

·**초판 1쇄 발행** 2021년 9월 25일

·**지은이** 배태훈
·**펴낸이** 민상기
·**편집장** 이숙희
·**펴낸곳** 도서출판 드림북
·**인쇄소** 예림인쇄 **제책** 예림바운딩
·**총판** 하늘유통(031-947-7777)

·**등록번호** 제 65 호 **등록일자** 2002. 11. 25.
·경기도 양주시 광적면 부흥로 847, 양주테크노시티 422호
·Tel (031)829-7722, Fax(031)829-7723

여기는 행복한 家정입니다

행복한 가정 시리즈 01

오늘을 행복하게,
내일은 더 행복하게 하는
가정 이야기

배태훈 지음

드림북

추천사

점잖게 이상적인 육아법을 쏟아내는 육아서적과 달리 행복에 대한 인문학적 고찰을 함께 담아낸다. 자녀 문제로 센터를 방문하는 많은 부모님들이 상담을 하면서 의외의 부분에서 터닝포인트를 짚고 가신다. 원가족과의 관계를 탐색하며 자신을 수용하고, 회피했던 감정을 마주하면서 자녀의 주호소 문제를 해결하는 사례가 많다. 저자 역시 그동안 보지 못했던 새로운 관점으로 자신의 행복이 곧 아이의 행복으로 이어진다는 점을 잘 녹여내며 육아 갈증에 단비를 내려준다.

-최양구, 심리상담센터 허그맘허그인 대표-

시작하면서

첫째 아이가 초등학교에 입학 하면서 맞벌이였던 우리 부부는 큰 결단을 내렸다. 둘 중 하나가 퇴사 하고 아이를 돌보기로 했다. 그리고 내가 회사를 그만뒀다.

첫째와 둘째는 세 살 터울이다. 첫째가 태어나고 장모님이 아이를 돌봐주셨다. 처갓집에서 살면서 장모님을 중심으로 시간이 되는 식구들이 아이를 돌봤다. 몇 년 살다가 둘째가 생기고 분가했고, 아내가 휴직하고 아이를 돌봤다. 2년 후 아내는 복직하고 첫째는 유치원, 둘째는 어린이집을 다녔다. 3년 동안 아침마다 첫째는 아내가, 둘째는 내가 각각 유치원과 어린이집을 보냈다. 맞벌이를 하는 집이면 잘 알겠지만, 아침마다 전쟁이다. 아이를 깨워서 밥 먹이고 씻기고 가방을 챙기면서 각자 출근 준비도 해야 한다.

그러던 중 첫째가 일곱 살이던 여름쯤 우리 부부는 큰 고민에 빠졌다. 초등학교에 들어가면 점심을 먹고 하교해야 하는데, '방과후에 비는 시간을 어떻게 해야 할까?' 하는 문제였다. 당시에는 초등학교에 돌봄 시스템이 없어서 학교에서 운영하는 방과후 프로그램을 하거나 학원을 다니는 방법이 있었다. 또 하나는 둘 중 하나가 일을 그만두고 집에서 아이들을 돌보는 것이었다. 오랜 시간을 고민한 끝에 둘 중에 하나가 일을 그만두기로 했다.

2011년 4월, 퇴사를 하고 집에서 아이들을 돌보면서 프리랜서로 일을 하기 시작했다. 전쟁 같았던 아침 시간이 조금 평화로워졌고, 아이들과 많은 시간을 보낼 수 있었다. 이 일을 계기로 양육에 관심이 많아졌고, 아이들 상담이나 학부모 활동에 적극적으로 참여했다. 지금 아빠들이 학부모 활동에 많이 참여하지만, 10년 전만 하더라도 아빠의 등장은 가는 곳마다 이슈였다. 청일점으로, 다른 엄마들과 아이를 키우는 정보들을 교환했고 아빠의 생각과 고민을 이야기하곤 했다.

그러던 중, 제주도에서 사계절을 보내고 싶은 마음이 들었다. 막연히 꿈꿨던 일이었다. 아내에게 조심스럽게 이야기했는데, 아내도 흔쾌히 동의했다. 아이들이 크기 전에 좋은 추억을 남기고 싶다면서 1년은 짧고, 2년 정도 제주도에 내려가서 실컷 놀다 오자고 했다.

그때의 결정이 나와 아내의 삶에 큰 전환점이 됐다. 제주도에서 아내와 아이들과 많은 시간을 보내면서 정말 행복한 가정이란 이런 것이구나 하는 경험을 했다. 정신없이 달려왔던 10년의 결혼생활을 돌아보고 마음속에 담아두었던 감정을 표현하기 시작했다. 저절로 된 것은 아니고, 많은 노력들이 있었다. 시간이 지나면서 우리 부부는 '부부'의 참 의미를 발견했다. 서울에서의 생활보다 모든 면에서 불편하고 힘든 점들이 많았지만, 부부관계는 더 좋아졌다. 아이들과의 관계도 마찬가지였다. 행복은 환경이 아니라 어떤 마음가짐으로 살아가느냐에 따라서 찾아온다는 것을 알았다.

2년의 제주도 생활을 하면서 '행복한 가정'을 경험하고, 내가 경험한 행복을 많은 사람들에게 전하고 싶었다. 2016년 서울에 올라온 후 '다음 세대와 함께하는 연구소'를 시작하며 행복한 가정, 부부관계, 부모와 자녀관계 등 가정과 관련된 글을 쓰고, 강의를 하기 시작했다.

'여기는 행복한 家정입니다'는 2020년부터 〈나눔경제뉴스〉에 '배태훈의 행복한 이야기'로 연재된 칼럼으로 개인적으로 경험했던 이야기를 담았다. 이후 〈브런치〉에서 연재를 동시에 진행했다. 행복한 가정의 이야기에는 우리 가정의 이야기뿐만 아니라 많은 사람들의 이야기가 함께 담겨있다. 나를 믿고 자신의 가정 이야기를 해준 사람들, 책이 나오기까지 함께해주신 모든 분들, 그리고 드림북 민상기 사장님께 감사드린다. 특히 항상 사랑을 베풀어주시는 양가 부모님과 사랑하는 아내, 두 아이에게 감사한 마음을 전한다.

'여기는 행복한 家정입니다'를 통해 많은 가정에 행복이 가득하길 바란다.

2021년 가을 배태훈

목 차

part 2 부부도 소통이 필요하다

part 3 아빠의 정체성

part 4 존재 그 자체로 특별한 자녀

part 5 우리 아이, 어떻게 해야 할까?

part 6 잠재되어 있는 능력을 이끌어내는 교육

part 1

오늘을 행복하게,
내일은 더 행복하게

오늘을 행복하게, 내일은 더 행복하게

"오늘을 행복하게 보낼 수 있도록 해주셔서 감사합니다. 내일은 더 행복하게 해주세요."

몇 해 전부터 아이들이 밤마다 이렇게 기도한다. 아이들의 기도가 우리 가족의 슬로건이 되어 어떻게 하면 행복한 시간을 보낼까 고민한다. '행복.' 여러분은 행복이 뭐라고 생각하는가? 우리 가족은 행복이란 시간을 함께 보내면서 서로의 마음을 나누는 것이라고 생각한다. 이런 생각 때문에 큰 아이가 초등학교에 입학할 무렵 큰 결단을 내리고 제가 다니던 회사를 퇴사하고 집에서 아이들을 돌보기 시작했다. 아이들이 학교와 유치원에 간 시간에 프리랜서로 일을 했다. 모든 것이 다 좋은 것은 아니었지만, 이른 시간에 가족이 모두 모여서 거의 매일 저녁을 함께 준비하고 먹었다. 그리고 잠자리에 들 때까지 아이들과 함께했다. 시간이 흐르고, 아이들은 점점 자랐다.

큰 아이가 3학년, 작은 아이가 7살이 되던 해 어느 날, 제주도에서 사계절을 보내고 싶었던 것이 꿈이었던 내가 아내에게 말했다.

"여보~ 우리 제주도에서 사계절 보내고 올까?"
"좋아! 아이들이 더 크기 전에 함께 시간을 보내고 좋은 추억을 많이 만들자. 그런데 1년은 짧고, 한 2년쯤 실컷 놀다 오자."

이렇게 우리 가족은 두 번째 큰 결단을 내렸다. 1년 동안 제주도에 관한 정보를 수집하고, 우리가 머무를 곳을 찾았다. 우리 가족이 함께 실컷 놀 곳, 애월읍 장전리. 그곳에는 아이들이 실컷 놀기에 좋은 학교가 있었다. 시골학교, 전교생이 80명 정도(2013년 기준)인 그곳은 아이들이 뛰놀 수 있는 최고의 환경이었다.

2014-15년, 2년 동안 제주도에서 여행이 아닌 일상을 보냈다. 제주도에서의 시간은 생각만큼 녹록하지 않았다. 정말 많은 일들이 있었다. 잠시 쉬기 위한 여행이 아니라 삶을 살아가는 것이었기 때문에 그동안 겪지 못했던 힘들고 어려운 일들도 있었다. 억울하고 원통한 마음 때문에 밤새 뜬 눈으로 지새운 적도 있었다. 반대로 생각하지도 못했던 사랑을 받기도 했다. 제주도의 삶이 어느 정도 익숙해지고 24시간을 함께 보낸 우리 부부는 자연스럽게 대화가 늘었다. 연애 3년에, 결혼생활 11차라는 긴 세월이 무색하게 우리는 서로를 새롭게 알아갔

다. 함께 보내는 시간 속에서 우리 부부는 진짜 부부가 되어갔다. 그 어떤 것으로도 채울 수 없는 소중하고 귀한 시간이었다. 다툼도 줄고, 다툼이 있더라도 오래가지 않았다. 서로의 마음을 헤아리고 격려하고 위로했다.

부부의 관계는 자연스럽게 아이들과의 관계까지 영향을 미쳤다. 서울에 있을 때보다 아이들과의 관계도 더 좋아졌다. 그러던 어느 날부터 큰아이가 잠자리에 들기 전 기도할 때, "오늘을 행복하게 보낼 수 있도록 해주셔서 감사합니다. 내일은 더 행복하게 해주세요."하고 기도하기 시작했다. 우리에게 직접 말하지 않았지만, 아이가 느끼기에 제주에서의 생활이 행복했던 모양이다. 형의 기도를 듣고, 작은 아이도 같은 기도를 했다. 우리 부부도 함께 기도했다. 그렇게 "오늘을 행복하게, 내일은 더 행복하게"가 우리 가족의 슬로건이 되었다.

가족 구성원이 모두 행복하다고 느끼는 것이 말처럼 쉽지 않다. 가족이지만 서로 다른 인격체이기 때문이다. 우리 가족도 성향이나 기질, 성격이 다 다르다. 그래서 갈등도 있고, 다툼도 있다. 때로는 언성이 높아지기도 한다. 하지만 함께 행복한 가정을 만들기 위해서 서로의 마음을 알아가기 위해서 부단히 노력한다. 이런 노력은 부모뿐만 아니라 자녀들도 필요하다. 오늘을 행복하게, 내일은 더 행복한 가정이 되기 위해 서로의 마음을 알아 가는 시간을 더 많이 필요하다.

행복은 어디에서 오는가?

행복한 삶을 꿈꾸지 않은 사람이 있을까? 누구나 행복한 삶을 꿈꾼다. 하지만, 우리나라에서 행복한 삶을 살고 있다고 자신 있게 이야기하는 사람은 드물다. 매년 3월 20일은 '세계 행복의 날'이다. 유엔지속가능개발연대(SDSN)는 이날 세계행복보고서를 발표한다. 2019년 세계 행복지수에서 우리나라는 몇 등을 했을까? 54위이다. 최근 5년간 47위(2015년), 58위(2016년), 56위(2017년), 57위(2018년)였다. 1위부터 10까지의 나라를 보면, 핀란드, 덴마크, 노르웨이, 아이슬란드, 네덜란드, 스위스, 스웨덴, 뉴질랜드, 캐나다, 오스트리아이다.

10위 안에 든 나라를 살펴보면, 대부분 교육 선진국인 나라들이다. 교육 선진국은 학교 공부를 열심히 시키는 나라가 아니다. 자신이 어떤 적성에 맞는지 발견하고, 그 일을 위해서 자신이 직접 삶을 선택할 수 있도록 돕는다. 학생들은 자신의 적성을 발견하고, 자신의 적성을 향상하기 위한 상위 학교나 직업학교, 대안학교 등으로 진학한다. 모든 학생들이 대학이라는 동일한 목적을 위해 공부하지 않는다. 시험성적을 높이기 위해서 학교 공부를 하지 않아도 사회에서 편견을 받지 않는다. 공부를 잘하는 아이도 있고, 운동을 잘하는 아이도 있다. 음악을 잘하는 아이도 있고, 그림을 잘 그리는 아이도 있다. 비록 공부를 잘하지 못하더라도 손재능이 뛰어나서 무엇이든지 잘 만드는 아이도 있다. 학교에서 모든 아이들이 우등생이다. 공부에 우등생, 운동에 우등생, 음악에 우등생, 그림에 우등생, 목공에 우등생이다.

이런 교육이 가능한 것은 대학 졸업장이 없어도 자신이 좋아하는 일을 행복하게 할 수 있는 사회가 있기 때문이다. 굳이 대학을 가지 않아도 사회에서 차별받지 않고 자기 적성에 맞는 일을 하면서 행복하게 살수 있기 때문에 대학 진학률이 높지 않다. 『우리도 행복할 수 있을까』(오연호 지음. 오마이북 펴냄)는 덴마크의 행복사회에 대해서 취재한 내용을 이야기한 책이다. 저자는 이 책에서 교육에 대해서 참 많은 말을 한다. 덴마크 사람들은 자신의 직업을 당당하게 이야기하고, 자녀들의 꿈을 지지한다. 많은 이들이 어떤 직업에 종사하든 자신의 직업에 만족하고, 행복하다고 이야기한다. 사회가 차별 없이 바라보기 때문이다. 사람들을 바라보는 기준이 공부가 아니기 때문에 가능한 것이다. 이런 환경에서 학교를 다니는 아이들은 공부에 대한 스트레스가 낮을 수밖에 없다.

사회에 나와서도 다른 업종의 사람들과 비교하면서 자신의 모습을 한탄하지 않는다. 어떤 일을 하든지 자신이 좋아하는 일을 하기 때문에 만족하며 행복한 삶을 산다. 우리가 꿈꾸는 사회가 아닌가.

그런데 우리나라는 어떤가? 통계청의 자료에 의하면, 2016년 고등학교 졸업자를 기준으로 볼 때 대학 진학률이 무려 69.8%였다. 1991년 33.3%였던 대학 진학률은 2008년 84%까지 치솟았다가 조금씩 낮아지고 있지만, 세계 최고 수준이다. 2016년 경제협력개발기구(OECD) 회원국의 평균 대학 진학률은 41%였다. 일본이 37%, 독일은 28%, 미국은 21%였다. 세계행복지수 상위권에 있는 덴마크의 경우에는 대학 진학률이 대개 30-40% 정도이다. 우리나라는 많은 학생과 학부모가 대학 진학에 목숨을 걸고 진학하지만, 행복지수는 58등이다. 공부가 행복에 미치는 영향력이 그리 크지 않다는 것을 알 수 있다. 사람들이 생각하기에 좋은 대학에 들어갔다고 한 사람들도 그리 행복하지 않다.

행복은 내가 선택하는 것

행복은 매우 주관적이다. 그래서 행복은 자신에게서 온다고 할 수 있다. 다른 사람이 보기에 행복해 보여도 정작 자신은 불행하다고 느끼는 사람이 있다. 반대로 다른 사람이 보기에 불행하다고 생각해도 자신은 행복하다고 말하는 사람이 있다. 행복의 기준을 어떻게 정하느냐에 따라서 자신의 삶이 행복하다, 불행하다 말할 수 있다.

예를 하나 들어보겠다. A학생은 공부를 할 때 100점이 목표다. 100점을 맞지 않으면 결코 행복하지 않다. 끊임없이 100점을 위해서 공부하고, 또 공부한다. 공부를 열심히 하지만 100점에 도달하기가 쉽지 않다. 공부하는 것이 행복하지 않다. 드디어 100점을 맞아서 기쁘다. 하지만 그 기쁨은 그리 오래가지 않는다. 또 다른 시험이 기다리고 있기 때문이다.

B학생은 공부의 목적이 점수가 아니라 자신이 알지 못한 것을 알아가는 것이다. 공부할 때마다 새롭게 알게 되는 사실이 너무 기쁘다. 더

많은 것을 알기 위해서 공부한다. 시험을 볼 때 점수가 신경이 쓰이지만, 100점을 맞지 않더라도 상관없다.

A와 B 학생이 겉으로 볼 때는 똑같이 공부를 하지만, 그 목적은 다르다. 한 사람은 행복하게 공부를 하고, 한 사람은 공부하는 것이 그리 행복하지 않다. A학생이 B학생보다 높은 점수를 받더라도 B학생이 더 행복하다.

물질에 관해서도 마찬가지다. 나보다 더 많이 가진 사람들과 비교하면서 자신의 상황을 바라보는 사람은 지금의 모습에 행복할 수 없다. 비교 대상처럼 되기 위해서 열심히 노력한다. 그런데 이런 사람은 비교 대상처럼 되어도 행복하지 않다. 잠시 이루었다는 기쁨을 누리겠지만, 또다시 자신보다 더 많이 가진 사람과 비교하기 때문이다. 많이 가지고, 더 많이 가져도 행복하지 않은 사람이다.

몇 해 전 언론을 통해서 온 가족을 죽이고, 자살한 가장의 이야기를 들었다. 자살의 이유는 생활고였다. 투자한 돈이 공중분해가 되면서 생활고를 당했다는 것이었다. 그런데 이 가장은 당시 강남에 수억 원 대에 이르는 30평 대 아파트를 소유하고 있었고, 연봉이 꽤 높은 직장도 다니고 있었다. 나보다 더 풍요롭게 살고 있는 사람이 생활고로 자살을 했다는데, '그럼 나는 뭔가?' 하는 생각을 했다. 더 풍요롭게 살면서도 불행을 느끼는 것은 풍요로움의 기준이 다르기 때문이다. 우리 부부도 결혼 초에는 많은 물질을 모으는 것이 목적이었던 것 같다. 통장에 잔고가 많이 쌓이면 다툼도 없고, 행복했다. 통장에 잔고가 줄어들면 다툼이 잦아졌고, 불행했다. 부부의 행복이 통장 잔고에 달려 있었다. 그런데 지금 우리는 마이너스 통장을 쓰고 있지만 다투지 않는다. 시간이 지나면서 행복의 기준이 바뀌었기 때문이다.

우리 부부가 많은 어려움에도 2년 동안 제주도의 삶을 선택한 이유도 행복의 기준이 '물질'이 아닌 '함께 보내는 시간'이었기 때문이었다. 아이들이 어렸을 때, 자연을 벗 삼아 더 많은 시간 함께하고 싶었다. 함께 꺼내어 나눌 수 있는 아름다운 추억을 많이 만드는 것이 행복의 기준이었다.

제주도로 간다고 했을 때, 주변의 많은 사람들이 우리를 보고 미쳤다고 했다. 특히 어른들은 도대체 무슨 생각을 하는 것인지 모르겠다고 했다. 행복의 기준이 우리와 다르기 때문에 그렇게 생각할 수 있다. 제주도에서의 삶이 물질적으로 풍요롭진 않았지만, 행복했다. 방 한 칸짜리 월세 민박집이었지만 행복했다. 뒷산에서 캔 나물이 반찬의 전부였지만, 밥맛은 꿀맛이었다. 관광지는 아니었지만, 집 주변의 산책길만큼 좋은 곳이 없었다. 어느 곳을 가든지 제주가 아름답기는 했지만, 가족이 함께였기 때문에 그 아름다움에 행복이 더해졌다. 행복은 선택이다. 그 누구의 선택이 아니라 바로 나 자신의 선택이다.

함께 추억 만들기

　우리 가족이 제주도에서 2년 동안 지낸 것은 아이들이 자연 속에서 뛰어놀기를 바라는 마음이었다. 정말 2년 동안 자연 속에서 실컷 놀다 왔다. 제주도로 이주하면서 아내가 휴직을 하고, 나도 하는 일을 줄였기 때문에 아내와는 거의 24시간을 함께했다. 아이들과도 학교생활을 제외하고는 함께 시간을 보냈다. 그래서 2년을 보냈지만, 느낌상으로는 20년을 산 것 같았다. 함께 보낸 시간이 많았기 때문에 제주도의 추억거리가 많았다. 6년이 지났지만, 함께 공유한 추억들이 많아서 TV에서 제주도가 나오면 장소에 따라 서로 할 이야기가 많다. 평상시에도 제주도 이야기만 나오면 줄줄이 사탕처럼 이야기가 나온다. 가끔씩 SNS에서 제주도에서 지냈던 추억들을 알려주면 가족이 모두 모여서 그때의 일을 떠올리며 사진을 본다. 가족 모두 그때 일을 기억하며 이야기할 수 있는 것은 함께 시간을 보냈기에 가능한 일이다.

우리 가족이 제주도에 살 때 사람들 사이에서 제주도에서 한 달 살기가 유행이었다. 우리 가족처럼 아이들에게 자연을 보여주고 싶은 사람들도 많았다. 제주도에 국제학교가 설립되면서 아이들의 교육문제 때문에 내려온 사람들도 있었다. 어떤 이유든지 제주도에 와서 많은 추억들이 쌓였을 것이라고 생각한다. 그런데 우리가 접했던 이주민 중에서 기러기 가족들이 많이 있었다. 상황에 따라 다르겠지만 대부분 아빠는 육지에서 돈을 벌고, 엄마가 아이들과 지내는 가족이었다. 아빠는 일주일에 한번, 혹은 한 달에 한 번 내려온다. 그러다가 아빠가 제주도에 내려오는 횟수가 점점 줄어들었다는 소리도 많이 들었다.

우리 집 근처로 이사를 온 가족들 중에도 육지에서 살다가 엄마가 아이들과 함께 온 가족들이 있었다. 두 아들과 함께 와서 힐링을 하고 싶다는 집이 있었고, 두 딸과 온 엄마는 초등학교 때 아이들을 자연에서 놀게 하고 싶다고 왔다고 했다. 두 집 모두 아빠는 함께 살지 않았다. 처음에는 주말마다 아빠의 모습이 보였지만, 한두 달 지나니 아빠가 오는 횟수가 점점 줄어들어서 거의 볼 수 없었다. 그런 가족들을 보면 마음이 아팠다. 아이 친구들 중에도 그런 가족이 있었다.

어느 날 아들 친구에게 물었다. "아빠하고 재미있게 지냈던 추억이 있어?" 그랬더니 그 아이가 이렇게 대답했다. "글쎄요, 아빠하고는 별로예요. 그냥 용돈이나 많이 주면 좋겠어요." 아빠하고 추억도 없었다. 함께한 시간이 없으니 아이들의 삶에는 아빠의 존재가 그저 돈을 주는 사람으로 각인된 것이다. 지극히 개인적으로 생각이지만, 가족은 함께하는 시간이 많을수록 좋다고 생각한다. 오랜 시간 함께하다보면, 다툼이 생기기도 하지만 그래도 가족은 함께 많은 시간을 보내면 좋다는 게 내 개인적인 생각이다.

　가족을 다른 말로 식구라고 한다. 국어사전을 보면, 식구(食口)는 한 집에서 함께 살면서 끼니를 같이하는 사람이라고 말한다. 우리 가족은 식구가 맞는가? 한집에서 함께 살지 못하고 끼니도 같이하지 못하면서 식구라고 말할 수 있을까? 여러 가지 상황 때문에 함께 하지 못하는 경우들도 있다. 하지만 가족의 행복은 함께하는 것이라고 생각한다. '이웃사촌'이라는 말이 있다. 혈연관계가 아닌 이웃도 가까이 지내며 많은 시간을 함께 보내는 것이 먼 곳에서 시간을 함께 보내지 않는 혈연관계의 가족보다 더 가깝다는 말이다. 요즘 가족 구성원 모두 함께하지 못하는 가족들이 많다. 모두 바쁘게 지내기 때문이다. 하지만 아이들은 기다려주지 않는다. 아이들은 눈 깜짝할 사이에 부모의 품을 떠난다. 기쁜 일이든지 슬픈 일이든지 지금 아이들과 함께 시간을 보내는 것이 그 어느 것보다 소중한 시간이라고 생각한다. 시간이 지난 후 웃으면서 이야기할 할 수 있는 추억들을 함께 만들어 가면 어떨까?

행복한 양육이란?

　많은 사람들이 행복한 삶을 원하지만, 실제로 자신이 행복하다고 느끼는 사람은 그리 많지 않다. 대다수의 사람들이 행복할 것이라고 생각하는 사람 중에서도 자신의 삶이 그다지 행복하지 않다고 말하는 사람도 있다. 행복을 원하지만 행복하지 않는 삶을 살고 있는 우리의 현실이다.

　정말 우리의 삶에서 행복을 찾기가 어려운 것일까? '행복'은 한문으로 '다행 행'(幸)과 '복 복'(福)이다. 뜻하지 않은 좋은 운을 의미한다. 복된 좋은 운수라고도 풀이할 수 있다. 또 생활에서 충분한 만족과 기쁨을 느끼어 흐뭇한 상태를 말한다. 복된 좋은 운수가 나에게 찾아올 때 행복을 느끼지만, 나보다 더 많은 것을 누리는 사람들을 보면 그 행복은 저 멀리 달아난다. 언제 나에게 행복이 있었나 하는 생각이 들 정도로 우울하고 씁쓸할 때가 많다. 상대적인 박탈감 때문이다. 지금 내가 누리고 있는 것은 당연하다고 생각하고 자신에게 없는 것을 가지고 있는 사람들에게 상대적 박탈감을 느낀다. 자신은 그 사람과 비교할 때 불행하다고 생각한다. 그런데 이런 부정적인 생각에 잠기면, 모든 것들을 부정적으로 생각해서 내 삶에 행복한 것들을 잊고, 불행만 생각한다.

뇌 과학에 따르면, 기억을 저장하는 해마가 장기기억으로 정보를 넘길 때 감정을 함께 저장한다고 한다. 그래서 어떤 기억을 떠올릴 때 부정적인 생각이 따라오면 그와 비슷한 감정의 기억들이 꼬리에 꼬리를 물고 따라 나와서 불행하다고 생각했던 기억만 생각나고, 모든 사람들은 행복한 데 이 세상에서 나만 불행하다고 생각한다. 그런데 내가 부러워하는 그 대상은 행복할까? 아마도 그 사람도 상대적인 박탈감 때문에 행복하지 않을 수 있다. 참 재미있는 것은 많은 사람들이 자신보다 덜 가진 사람과 비교하지 않는다는 것이다. 항상 자신보다 더 많이 가진 사람과 비교한다. 그래서 비교하기 시작하면, 행복을 느끼지 못한다. 앞에서 이야기했던 것처럼 행복은 자기 자신이 일생생활에서 충분한 만족과 기쁨을 느끼어 흐뭇한 상태를 말한다.

일상생활이 각기 다르기 때문에 사람마다 행복의 기준이 다르다. 행복의 기준을 어디에 두느냐에 따라서 삶의 만족도나 행복감이 다르다. 여러분의 행복 기준은 어디에 있는가? 행복은 각자 느끼는 정도가 다르기 때문에 아무리 많은 것을 가지고 있다고 하더라도 스스로 불행하다고 생각하면 그 사람은 불행한 사람이다. 반대로 가진 것이 많지 않더라도 내 일상에서 행복을 느끼면 그 사람은 행복한 사람이다. 우리가 이 세상을 살아갈 때, 행복의 기준을 어디에 두느냐가 중요하다.

물질, 학력, 권력, 관계, 자녀들의 성공 등 삶의 기준에 따라 행복감을 느끼는 것이 다르다. 학력을 삶의 기준으로 삼는다면, 돈이 없고 권력이 없어도 자신이 생각하는 최고의 대학에 들어갔다면 그 사람은 행복할 것이다. 어떤 특정한 사람에게 인정받는 것이 삶의 기준이라면 어떻게 해서든지 그 사람에게 인정받기 위해서 살 것이다. 다른 사람들이 인정해줘도 그 사람이 인정하지 않는다면 그 사람은 결코 행복하지 않을 것이다. 반대로 세상 모든 사람이 인정해주지 않아도 그 사람이 자신을 인정해준다면, 그 사람은 행복할 것이다. 이렇게 행복은 사람마다 그 기준에 따라 달라진다.

양육도 마찬가지다. 부모가 양육에 어떤 기준을 세우느냐에 따라서 행복도가 달라진다. 양육이 행복할 수도 있고, 불행할 수도 있다는 뜻이다. 행복한 양육은 부모뿐만 아니라 아이가 함께 행복을 느끼는 것이다. 부모가 아이를 양육하면서 기억해야 할 것은 내 입장뿐만 아니라 아이의 입장도 생각해야 한다. 내 입장에서는 행복을 위한 행동이라고 생각할 수 있지만, 아이 입장에서는 부모의 행동이 행복을 방해하는 것일 수 있다.

주변에 있는 분들 중에서 이렇게 이야기한다. "다 아이를 위해서 그러는 거야!" 하지만 아이는 그런 부모들의 행동에 힘들어 한다며 생각해 봐야 한다. 부모와 아이 모두 정말 좋아하고 원하는 것이 행복한 양육의 기준이다. 부모가 그것이 무엇인지 알아가는 것이 행복한 육아를 위한 첫 걸음이다. 행복한 육아를 위해서 오늘 행복의 기준을 정해보면 어떨까?

부모와 아이가 모두 행복한 순간

'어떤 부모가 가장 좋은 부모일까' 물었다. 대부분의 부모가 '많은 시간 아이와 대화하고 함께 보내는 부모'라고 말했다. 아이들에게도 '어떤 부모가 좋은 부모인지' 물었다. 아이들도 부모와 같은 대답을 했다. 그래서 또 물었다. 그렇다면 '얼마나 대화하고 시간을 보내느냐'고. 그랬더니 대화는커녕 함께 시간을 보내기도 힘들다고 한다. 부모나 아이들 모두 함께 시간을 보내는 것이 행복하다는 것을 잘 알고 있지만, 실제 삶에서 그런 시간을 보내기는 그리 쉽지 않다.

일과 양육을 병행하는 것은 힘들다. 그 힘듦의 차원은 직접 경험하지 않고서는 알 수 없다. 맞벌이를 하는 경우, 가족 구성원 모두 모이는 시간이 부족하다. 부모는 부모대로, 아이는 아이대로 각자의 영역에서 따로 시간을 보내는 경우가 많다. 하지만 부모가 조금만 신경 쓰다면 아이와 함께하고 대화하는 시간을 충분히 만들 수 있다. 많은 시간을 들이지 않아도 행복한 시간을 보낼 수 있다. 행복은 시간의 양이 아니라 시간의 질에 달려 있다.

그런데 왜 우리 가정은 그렇게 하지 못하는 것인가? 생각의 착각 때문이다. 아이와 대화를 많이 하고 함께 시간을 보내는 부모가 좋은 부모라고 말하지만, 실제 아이에게 많은 지원을 하기 위해 돈이 필요하다고 생각한다. 그래서 많은 부모들이 경제적인 것을 선택한다.

아이들은 부모의 생각보다 빨리 자란다. 바쁘다는 핑계로 각자의 삶을 살다가 어느 날 문득 부모의 품을 떠나 있는 아이의 모습에 깜짝 놀란다.

아이가 사춘기가 시작되면서 부모의 갈등이 심해지고 아이를 위해서 힘겹게 살아온 자신의 모습에 한탄한다. 아이의 반응에 부모는 "내가 너를 어떻게 키웠는데"라고 이야기한다. 그때 아이들은 "내가 언제 그렇게 해달라고 했어요?" 하고 말한다. 부모는 아이를 위해 자신의 삶을 헌신했는데, 아이가 그렇게 이야기하니 부모 입장에서는 기가 막힌 일이다. 모두의 행복을 위해 살았다고 생각했는데, 부모도 아이도 행복하지 않다고 느끼는 경우가 많다.

부모도 아이도 모두 행복해야 한다. 아이가 행복한 만큼 부모도 행복해야 한다. 당연히 부모가 행복한 만큼 아이도 행복해야 한다. 그런데 앞에서 이야기한 것처럼 부모와 아이가 전혀 다른 생각을 하는 경우가 있다. 나는 아이 때문에 행복하다고 느끼는데, 아이는 나 때문에 불행하다고 생각한다면 이 가정은 행복한 가정일까?

아이가 부모의 바람대로 공부를 잘하고 좋은 대학에 갔다면 부모는 행복할 것이다. 그런데 정작 아이는 행복하지 않은 경우도 있다. 얼마나 슬픈 일인가!아이를 위한 일이라면서 부모가 행복하지 않는다면, 그 또한 얼마나 슬픈가! 부모도 행복하고 아이도 행복해야 한다.

많은 대화를 하고 함께 시간을 보내는 부모가 가장 좋은 부모라고 이야기하는 부모와 아이의 바람처럼 지금 나의 가정부터 시작하면 된다.

추억을 쌓는 여행

2018년 12월, 시장조사전문기업 엠브레인 트렌드모니터가 전국 만 19~59세 성인남녀 1000명을 대상으로 '남성(아빠) 육아'에 대한 인식 조사를 실시한 결과, 최근 한국사회에서 남성 육아의 필요성이 강조되고 있는 것으로 조사됐다고 밝혔다.

남성이 할 수 있는 육아활동으로는 ▲자녀와 몸으로 놀아주고 (84.8%, 중복응답), ▲자주 이야기를 하고(84.4%), ▲산책을 하는(80.2%) 활동이 가장 높은 응답률을 보였다. ▲자녀를 병원에 데려다 주고(80%), ▲책을 읽어주며(79.6%), ▲목욕을 시키고(77.7%), ▲함께 여행을 가는 (77.4%) 역할의 필요성도 강조됐다. 가장 보람 있는 활동이라고 평가를 받는 아빠육아 활동은 ▲자녀와 자주 이야기하고(57.5%, 중복응답), ▲몸으로 놀아주며(54.6%), ▲여행을 가는(36.9%) 것으로 나타났다.

설문조사 기관인 엠브레인 관계자는 "그만큼 아빠가 자녀와 함께 '시간'을 보내는 것이 중요하다는 인식이 큰 것"이라며 "식사를 챙기거나, 집안일을 하는 활동이 보람될 것이라는 의견도 많았으나 그보다는 자녀와의 소통 및 공감이 더 중요하다는 인식이 뚜렷하다"고 해석했다.

이렇게 남성 육아의 필요성에는 공감하고 관심도 높아지고 있지만 실제 한국사회에서 남성의 육아 참여도는 여전히 낮은 수준이라는 의견(82.6%)이 우세하게 나타났다. 남성의 육아 참여도가 낮은 이유에 대해서는 대부분 시간 부족을 이야기한다.

몇 해 전부터 저녁이 있는 삶을 누리라고 야근하지 말라는 문화를 만들고 있다. 저녁에 가족과 함께하는 시간을 주는 것이다. 그런데 이 시간에 더 많은 돈을 벌기 위해서 다른 일들을 찾는 사람들이 있다고 한다.

아빠의 마음가짐이 달라져야 한다. 말은 가족들과 함께 좋은 추억을 만들고 싶다고 하지만, 마음 속 깊은 곳에는 그렇지 않다고 생각한다. 그것을 들키지 않기 위해서 시간이 없다고, 상황이 되지 않는다고 포장한다고 생각한다.

가장 보람 있는 아빠육아 활동 세 가지(자주 이야기하고 몸으로 놀며 여행하는 것)를 모두 할 수 있는 것이 있다. 바로 여행이다. 가족여행은 가정 구성원, 부모와 아이들이 함께 공유하는 추억을 만드는 시간이다. 함께 추억을 만드는 일은 어떤 의미가 있을까? 함께 공유하는 추억이 많으면 많을수록 이야기 거리가 많아진다. 이야기를 하면서 그때 함께 있었던 감정들을 공유할 수 있다.

가족여행 하면, 많은 사람들이 먼 곳을 가거나 돈이 많이 든다고 생각한다. 하지만 집에서 가까운 곳에 가는 것도 여행이다. 짧은 시간이라도 일상에서 벗어난다면 그것이 여행이다. 가족들과 함께하는 여행의 목적을 추억 쌓기라고 생각한다면 쉽다. 여행은 추억을 함께 만드는 것이기 때문에 어릴 때부터 함께 시간을 보내는 것이 좋다.

아이의 친구들과 여행에 대해서 이야기할 기회가 있었는데, 아이들에게 아빠하고 함께한 추억이 있냐고 물었다. 대부분 아빠와의 추억이 담긴 여행에 대해서 이야기했다. 그 중에 한 아이는 아빠와 함께한 추억이 없다고 이야기했다. 그 아이의 부모를 알고 있는데, 그 부모는 아이와 함께 국내여행뿐만 아니라 해외여행도 종종 다녔다. 그런데 추억이 없다니, 충격이었다. 아이의 이야기를 들어보니 함께 여행을 가긴 하는데, 기억할 만한 추억이 없다고 한다.

아빠는 이곳저곳 아이와 함께 다니면서 좋은 추억을 쌓을 것이라고 생각하겠지만, 아이와 감정을 나누지 않으면 추억이라는 것이 없다. 이런 경우 아빠는 여행 '가이드' 역할만 한 것이다. 여행을 안내하는 사람은 여행하는 동안 같은 시간과 공간에 있지만, 추억거리는 없다. 아이는 아빠를 그런 존재로 인식한 것이다. 아빠 입장에서는 많은 돈과 많은 시간을 투자해서 여행을 했는데, 추억할 만한 것이 없다고 하니 허망할 것이다. 아이와 마음을 나누지 않으면 추억은 없다.

반대로 짧은 시간과 적은 돈을 투자해도 아이와 마음을 나눈다면, 좋은 추억을 쌓을 수 있다. 외적인 부분보다는 내적인 부분, 마음가짐이 중요하다. 함께하는 시간이 짧더라도 마음을 다해서 아이들과 함께 마음을 나눌 수 있다면, 아이들은 부모의 그 마음을 자신의 마음에 가득 담을 것이다. 진심으로 아이를 대하고 사랑을 준다면, 아이는 그 사랑을 먹고 세상의 그 누구보다 행복한 삶을 누리며 살아갈 것이다. 오늘 우리의 아이들과 추억을 쌓을 수 있는 여행을 가는 것은 어떨까?

진심으로 아이를 대하자

〈정조이산어록〉을 보면, "사람을 대할 때는 진심을 가지고 대한다"는 말이 있다. 정조는 "내가 비록 덕이 없으나 아랫사람들을 대하는 하나의 규모는 곧 진심과 성의를 다하여 대한다"고 했다. 시끄럽게 말하기 좋아하는 자들은 이를 상반되는 것이라 인식하고 이 사람을 등용하면 저 사람이 "장차 취하려고 우선 주는 것이다." 하고 저 사람을 쓰면 이 사람도 또한 그렇다고 한다. 그래서 점점 잘못되는 방향으로 나아간다고 전한다. 등용된 사람은 대부분 스스로 도외시하고 스스로 두려워하여 견고한 마음이 없어서 괴롭다는 마음을 남겼다.

부모가 아이들을 키우면서 언제 가장 행복하고 기쁠까? 아이들이 부모를 보고 환히 웃어줄 때, 아이가 부모를 좋아해주는 모습을 보면 가장 행복하다고 말한다. 부모가 뭔가를 해줘서가 아니라 그냥 아이의 엄마 아빠라서 좋아해줄 때 행복하고 기쁘다. 아이들이 부모의 말을 안 듣고 자기 고집을 피울 때는 속상하다. 아이들이 점점 자라면서 행복하고 기쁜 시간보다 속상하고 화가 나는 시간이 늘어간다.

부모와 자녀가 기쁘고 속상할 때가 겹치는 경우도 있지만, 때로는 부모와 자녀의 상태가 상반되는 경우도 있다. 부모와 자녀가 같은 마음이면, 부모가 자녀를 보고 행복을 느끼는 것처럼 자녀도 부모를 보고 행복을 느낀다. 하지만, 서로 기분이 다른 상태에서 서로의 마음을 모르면 오해가 생기고, 그 오해로 서로에게 상처를 줄 수 있다. 그 상처는 마음속에 남아 갈등의 씨앗이 된다. 만약 이런 일이 우리 가정에서 일어난다면, 부모 입장에서 참 속상할 것이다.

부모와 자녀의 관계에서 오해가 생기는 것은 부모와 자녀가 속 마음을 터놓고 이야기하지 못하기 때문이다. 상대방이 어떤 상황인지 잘 모르기 때문에 자신의 상황만 생각하고 다가간다. 대부분의 경우, 상대방이 반응이 없으면 자신의 생각에 동의한 것으로 단정해버린다. 특히 부모 입장에서는 자녀의 무반응을 더 그렇게 생각한다. 오해가 생겨 서로의 감정이 좋지 않았을 때에 그 오해(근본적인 원인)를 해결하지 않으면 갈등의 골은 점점 깊어지고, 갈등을 해결하는데 더 어려워진다. 그래서 대화가 필요하고, 서로의 마음과 생각을 나누는 것이 중요하다. 자녀가 자랄수록 자신의 생각과 의견이 확고해지기 때문에 부모와 자녀가 한 마음이 되는 것이 쉽지 않다.

일반적으로 사회생활을 하면서 갈등이 생기면 대부분 해결하려고 노력한다. 서로 불편하기 때문이다. 오해를 풀고 잘 해보려고 한다. 그런데 대부분 가정에서 갈등이 일어났을 때 해결하려는 노력이 부족하다. 부모가 자녀에게 마음 깊은 이야기를 꺼내기 어렵게 느끼기 때문일 것이다. 갈등의 요소들을 들추면 집안 분위기가 그다지 좋지 않기 때문에 오해를 덮고 그냥 지내려고 하는 경향들이 있다. 가족이기 때문에 별일 없었던 것처럼 지내지만 갈등이 해소 되지 않고, 계속 마음에 쌓이고 쌓여 언젠가는 폭발한다.

부모와 자녀의 관계에서도 미안한 마음이 있으면 서로 허심탄회하게 이야기해야 한다. 가정에서는 어린 자녀가 부모에게 잘못을 했을 때, 자녀는 부모에게 잘못했다고 이야기한다. 만약 잘못했다고 인정하지 않으면, 자신의 잘못을 인정할 때까지 이야기한다. 그런데 문제는 부모가 자녀에게 미안한 일을 했을 때, 자녀에게 미안하다는 말을 잘 하지 않는다. 아이 입장에서는 부모가 잘못했는데, 미안한 말이 없을 때 마음에 상처를 받는다. 부모의 잘못을 꺼내 잘못을 인정하도록 이야기하기에는 약한 존재이기 때문에 아이 입장에서는 참 억울한 부분이다.

부모가 미안한 것을 알고 있지만, 그것을 인정하지 않는다. 아마도 부모의 권위가 떨어진다고 생각하기 때문일 것이다. 부모는 미안한 마음을 아이에게 더 잘해주는 것으로 대체한다. 예를 들어 맛있는 음식을 사준다던가, 아니면 평소에 가지고 싶었던 것을 사준다. 하지만 그것으로 아이 마음의 상처가 치유되지는 않는다. 근본적인 문제가 해결되지 않는다.

가장 가까운 관계인 부모로부터 상처를 치유하지 못한 상태로 성인이 되면 어떻게 될까? 똑같이 자신의 아이들에게 그 상처를 대물림하는 경우가 많다. 부모가 자녀에게 잘못한 것을 인지했을 때, 그 순간 자녀에게 미안하다고 말해야 한다. 우리 인간은 불완전한 존재이기 때문에 부모도 실수할 수 있고, 잘못할 수 있다는 것을 인정해야 한다.

아이들 앞에서는 항상 완전한 존재이고 싶은 게 부모의 마음이다. 하지만 그 마음 때문에 자녀가 상처를 받는다면, 부모의 자존심을 지키는 것이 무슨 소용이 있을까? 진심으로 아이를 대하자.

진심은 통(通)한다

싱글일 때는 내 자신만 생각하면 됐다. 결혼을 하고 나서는 배우자 까지, 더 나아가 양쪽 집안까지 신경을 써야 한다. 그런데 아이를 낳게 되면, 싱글일 때 상상하지 못했던 것까지 챙겨야 한다.

대부분 부모가 그렇듯 아무런 준비 없이 아이를 낳으면서 아빠 엄마 가 된다. 아이를 키우면서 어떻게 해야 할지 잘 모른 상태에서 시간을 보낸다. 그러다 어느 순간, 아이는 부모로부터 독립하려고 한다. 대부 분 사춘기 무렵이다. 부모는 자녀와 함께하지 못한 시간이 아쉬워서 자녀와 함께 뭔가를 해보려고 하지만, 아이는 자신만의 세상이 형성되 어 있고 그 안에 부모를 들이려고 하지 않는다. 이렇게 더 이상 관계를 회복할 수 없는 지경까지 이르게 된다.

자녀가 상처를 받지 않도록 하는 것이 중요하고, 또 자녀가 상처를 받았다면 부모가 적극적으로 치유해서 관계를 회복해야 한다. 그래야 자녀가 상처 없이 밝게 자라고, 사춘기를 겪더라도 어긋나지 않고 부모의 울타리 안에서 소통하고 좋은 관계를 유지할 수 있다.

앞서 부모가 아이들과 관계에서 미안한 것들이 있으면 바로 미안하다고 이야기해야 한다고 말했다. 이 부분에서 부모가 주의해야 할 부분이 있다. 미안하다는 말을 너무 남발해서는 안 된다. 여기에는 두 가지 의미가 있다.

첫 번째는 부모가 미안하다는 말을 자주한다는 것은 자녀에게 믿음을 심어주지 못한다. 부모가 자녀에게 계속 잘못된 말이나 행동을 한다는 뜻이다. 그러면 자녀에게 부모의 권위가 세워지지 않는다. 권위가 세워지지 않으면 부모가 하는 말에 힘이 없다. 우리가 흔히 이야기하는 것처럼 자녀들 앞에서 체통이 없는 것이다.

두 번째는 미안하다는 것을 반복한다는 것에 아주 작은 부분, 굳이 미안함을 전하지 않아도 되는 것까지 습관적으로, 또는 진심이 담기지 않은 미안함을 전한다는 것이다. 어떤 사람이 똑같은 잘못을 하고 전혀 마음을 담지 않고 말로만 미안하다고 하면 기분이 어떻겠는가? 그다지 기분이 좋지 않을 것이다. 미안하다고 했으니까 뭐라고 할 수는 없고, 말의 분위기를 봐서는 진심이 느껴지지 않으니까 더 이상 깊은 관계를 맺지 않으려는 생각을 할 것이다.

아이들 입장에서도 진심이 담겨있지 않은 미안함은 오히려 기분을 상하게 할 수 있다. 이런 경우에는 아이들에게 역효과를 주는 경우가 생기게 된다. 진심을 담아서 미안함을 전한다는 것은 정말 중요하다.

칭찬을 할 때에도 진심을 담아서 이야기해야 한다. 아이가 칭찬을 받을 만한 행동을 했을 때만 진심을 담아서, 구체적으로 어떤 부분이 칭찬을 받을 만 했는지 이야기를 해줘야 한다. 이렇게 해야 칭찬의 긍정적인 효과를 줄 수 있다.

가정에서 너무 지나친 칭찬을 할 경우, 오히려 아이에게 좋지 않을 수 있다. 사회에서 공동체 생활을 할 때 어려움을 겪는 경우들이 많다. 가정에서 평범한 몸짓이나 말, 행동에 과한 칭찬을 하면, 아이는 밖에서도 자신의 행동에 주변 사람들에게 칭찬을 기대한다. 하지만 밖에서는 그 누구도 부모처럼 해주지 않는다. 그런 분위기에 익숙하지 않아서 분노하거나 좌절하기도 한다. 칭찬의 역효과로 자존감이 낮아지고, 대인관계를 제대로 형성하지 못한다. 아이들과의 관계에서 부모가 진심을 담아서 대해야 하는 것이 정말 중요하다.

'진심은 통한다'는 말이 있다. 진심이 통한다는 것은 한쪽에서 일방적인 표현만으로 통하는 것이 아니다. '통'하다는 것이 나와 상대방이 연결된다는 의미를 포함하고 있다. 부모와 자녀가 서로를 향한 마음이 전해지는 것이다. 오늘 우리 아이에게 부모의 진심을 담아 사랑을 전하면 어떨까?

part 2

부부도 소통이
필요하다

부부도 소통이 필요하다

결혼을 하고 얼마 되지 않은 어느 날, 저녁 식탁에 생선 한 마리가 자리를 잡았다. 그런데, 그 생선이 식사를 다 마칠 때까지 그대로 있었다. 저녁식사가 끝나고 나도 아내도 생선에 대해서 아무런 말을 하지 않았다. 무슨 일이 있었던 것일까? 한참이 지난 후, 우연히 그 시절 이야기를 하게 되면서 그 내막이 밝혀졌다. 결혼하기 전, 아내 집에서는 생선을 발리는 것을 장인어른이 하셨다. 하지만, 우리 집에서는 어머니가 생선을 발리셨다. 나와 아내는 생선을 발리는 일이 내 일이라고 생각해 본 적이 없었다. 일부러 그런 것은 아니지만 결국 서로 생선을 발려주기를 기다리다가 식사는 끝이 났고, 생선 한 마리는 식탁위에 덩그러니 남겨져 있었다.

사랑하기에 결혼을 했지만, 함께 살아가는 것이 그리 쉽지만은 않다. 어쩌면 그리도 맞지 않는지, 내가 사랑했던 그 사람이 맞을까 하는 생각도 하게 된다. 오랜 시간동안 각자 다른 삶의 영역에서 살았기 때문에 서로 다른 것은 당연할지도 모른다. 그럼에도 서로의 다름을 인정하지 않고, 자신의 방식대로 따라줄 것을 요구한다. 그래서 결혼 초, 많은 부부들이 싸운다. 우리 부부도 그랬다. 뭐 그리 중요하지도 않은 것인데도, 필사적으로 이기려고 싸웠다. 초반에 주도권을 빼앗기면 안된다는 주변의 말을 생각하면서 말이다. 이렇게 가장 가까운 관계인 부부간에 치열한 주도권 쟁탈전이 있다. 왜 이런 상황이 되는 것일까? 마음을 깊이 나누는 소통이 이루어지지 않기 때문이라고 생각한다.

우리 가족은 2년 동안 제주도에서 살았다. 아이들과 함께 실컷 놀아보자고 떠났다. 아이들과 많은 시간을 보내면서 좋은 추억들을 만드는 것이 목적이었는데, 의외의 소득이 있었다. 바로 부부관계이다. 24시간 함께 시간을 보낸 우리 부부에게 제주도에서의 생활은 인생의 커다란 전환점이 되었다. 아이들과 재미있고 즐거운 시간을 보내기 위해 제주살이를 시작했지만, 아이들과의 관계 이전에 부부관계의 회복이 먼저 찾아왔다. 2년의 시간이 우리에게는 20년 이상의 시간이었다. 연애와 결혼생활을 합쳐서 15년 넘게 함께 했지만, 서로에 대해서 너무 몰랐다는 것을 깨달았다. 함께하는 시간이 많아지면서, 서로 마음의 가장 깊은 곳까지 터놓고 이야기할 수 있었다. 서로의 내면을 바라볼 수 있었다. 서로의 상처를 알게 되었고, 측은한 마음과 함께 배려와 포용이 생겼다.

사람은 항상 자기 입장에서 생각하기 마련이다. 다른 사람을 배려한다고 하더라도 그 내면을 들여다보면 결국 나라는 존재가 숨어있다. 가까운 사람일수록 자신의 보호막을 치는 것이 더 강력하다. 결혼 초부터 큰 싸움은 없었지만, 잦은 다툼이 있었다. 여느 부부처럼 서로에게 흠집을 내고, 상처 위에 상처를 더하는 말을 던진 적도 있었던 것 같다. 나를 보호하기 위해 상대방을 깎아내려야 했다. 아이들이 학교에서 시간을 보내는 동안 우리는 자연을 벗 삼아 걸으면서 서로의 마음을 여는 시간을 갖게 되었다. 어린 시절 상처받은 나, 열등감, 서로에게 바라는 점 등 숨어있었던 내면의 이야기들을 하나하나 꺼냈다. 웃고 울면서 서로를 위로하고, 격려했다. 상대방의 생각과 행동을 이해하기 시작했다. 서로에 대해서 알게 된 만큼 이해할 수 있었고, 받아들일 수 있었다. 소통이 이루어지니 다툼이 줄었고, 서로를 배려하고 위로했다.

부부의 소통은 부부관계에서 그치지 않았다. 자연스럽게 아이들에게 전해지고, 예전보다 더 행복을 느끼는 가정이 되었다. 부부관계가 좋지 않으면서 행복한 가정을 만들 수는 없다. 말을 하지 않지만, 아이들은 엄마와 아빠가 서로 좋은 관계인지 아닌지 온 몸으로 느낀다. 부부가 행복하지 않은데, 어떻게 아이들이 행복할 수 있을까? 가족구성원 한 명 한 명이 행복하지 않다면, 그 가정은 당연히 행복하지 않다. 서로를 이해하고, 아끼고 사랑하는 것, 부부의 소통이 행복한 가정의 첫 출발점이다.

부부는 정말 일심동체일까?

'부부 일심동체'라는 말이 있다. 부부는 마음과 몸이 하나로 모아진 다는 말이다. 그런데 사실, 부부가 마음과 몸이 하나로 모아 산다는 게 그리 쉽지 않다. 서로 사랑해서 결혼을 하고 행복한 삶을 살아야 하는데, 사소한 일로 싸우고 서로에게 상처가 되는 말만 하는 경우도 있다. 이런 갈등의 골이 깊어지면, 결국 각자의 삶을 선택하는 부부도 많다.

가까우면서도 먼 관계가 된 부부, 어떻게 하면 행복한 부부가 될 수 있을까?

국어사전은 가정을 이렇게 정의한다. 한 가족이 생활하는 집이나 가까운 혈연관계에 있는 사람들의 생활 공동체. 가족은 부부를 중심으로 한, 친족 관계에 있는 사람들의 집단을 말한다. 혼인, 혈연, 입양 등으로 이루어진 관계가 모두 가족이다. 그리고 그 가족들이 생활하는 집을 가정이라고 말한다.

가족과 가정의 첫 출발점이 '부부'다. 행복한 가정을 만들기 위해서 부부관계가 참 중요하다. 많은 부부들이 '부부지만 왜 이렇게 서로 맞지 않은 부분이 많을까' 하고 말한다. 사람이 이성에 대해서 콩깍지가 씌우면 뇌에서 '페닐에틸아민'이라는 호르몬이 분비된다. 이 호르몬이 과다하게 분비되면 이성이 마비되고, 상대방에 대해서 맹목적으로 좋은 것만 보게 된다. 그 사람의 단점도 멋져 보이고, 예쁘다고 생각한다. 그래서 결혼을 하는 것이다. 이런 현상이 계속되면 좋은데 그리 오래가지 않는다. 사람에 따라 다르긴 하지만 보통 2-3년 정도 간다고 한다. 그러니까, '페닐에틸아민'이 줄어들면, 본연의 뇌가 자리를 잡는다.

'내가 왜 이 사람이랑 결혼을 했지?' 이런 생각을 한다. 부부는 서로 다를 수밖에 없다. 생각해 보자. 부부는 각자 짧게는 20년, 30년을 다른 공간에서 살았다. 부부일심동체라는 말은 마음과 몸이 하나로 모아진다는 말이지, 같아진다는 말이 아니다. 다시 말하자면, 부부가 완전히 똑같아질 수 없다. 상대방이 완전한 내가 될 수 없다는 말이다. 나 또한 상대방이 될 수 없다. 부부이지만, 이기적이다. 다른 말로 표현하자면, 서로 다르고 자기 것이 옳다고 생각한다.

부부에 대해서 이야기할 때 〈소와 사자 부부〉를 말하곤 한다. 옛날에 소와 사자 부부가 행복하게 살고 있었다. 남편 사자는 아내 소를 너무나 사랑해서 매일 사냥해서 육식 동물들을 주고 행복해 했다. 아내 소는 남편을 사랑해서 들판 푸른 초원에 나가서 매일 싱싱한 풀을 뜯어 갖다 주었다. 그런데 소와 사자는 날이 갈수록 시름 앓더니 죽었다. 사자는 풀을 먹고, 소는 육식 동물을 먹고 소화를 못시켜서 죽은 것이다. 사자는 육식동물을 먹어야 하고, 소는 풀을 먹어야 하는데 말이다. 서로에게 맞지 않는 음식 때문에 죽은 것이다. 서로 사랑했는데 말이다.

서로 사랑했지만, 자신만의 방법으로 사랑한 것이다. 나의 방식으로 사랑을 표현했지만, 상대방에게는 결코 사랑의 표현이 아니었던 것이다. 사자는 사자 입장에서, 소는 소 입장에서 사랑을 표현했다.

모든 남자와 여자가 이에 해당하지는 않지만, 대체적으로 뇌 구조상 남자와 여자가 참 다르다. 그래서 남자가 절대 이해하지 못하는 여자의 생각과 행동이 있고, 반대로 여자가 절대 이해하지 못하는 남자의 생각과 행동이 있다. 서로 다른 것을 이해하고 품어주는 것이 부부다. 삶에서 나만의 공간이 있듯이 상대방의 공간도 있다는 것을 알아야 한다. 사자와 소 부부처럼 사자는 육식을, 소는 채식을 한다는 것을 서로 알아야 한다. 만약, 사자가 소에게 육식 동물을 줬을 때 소가 자기는 육식 동물은 먹지 못하고 채소만 먹는다고 했다면, 반대로 사자가 소에게 자신은 채소는 못 먹고 육식 동물만 먹는다고 했다면 어땠을까? 죽지 않고, 행복한 삶을 살지 않았을까?

아이들은 아빠와 엄마를 보면서, 남성상이나 여성상을 만든다. 이게 잘 형성이 되면 동성과 이성을 바라보는 시야가 올바르게 생긴다. 그런데 부부관계가 틀어지면 아이는 잘못된 남성상이나 여성상이 형성되고 친구나 이성친구를 사귈 때나 결혼에도 영향을 미친다.

부부가 서로 마음 터놓고 진심을 나누는 게 좋다. 진심이 전해지면 지금 당장 부딪히는 부분이 있더라도 서로 맞추면서 살아갈 수 있다. 부부관계가 그대로 아이에게 영향을 준다. 아무리 아이에게 좋은 것으로, 좋은 방법으로 양육을 하더라도 부부관계가 좋지 않으면 그다지 좋은 영향을 주지 못한다. 행복한 가정은 좋은 부부관계에서 시작한다.

우리 부부는 왜 이렇게 싸우는 걸까?

통계청 발표에 의하면, 2018년 혼인건수는 25만 7600건이고, 이혼건수는 10만 8700건으로 나타났다. 결혼 한 부부 중 약 42% 정도가 이혼한다. 연령별 이혼율은 남자나 여자 모두 40대가 많았다. 결혼생활의 위기가 남녀 모두 40대에 찾아오는 것으로 나타났다. 20년 이상 혼인을 지속하다 하는 이혼이 전체의 33.4%로 가장 많았지만, 결혼 생활 4년 이하 이혼도 21.4%나 됐다. 결혼해서 행복한 가정을 원하지만, 가정을 유지하는 것조차 힘든 경우들이 많다.

"부부간에 얼마나 대화를 하는가?" "주로 어떤 이야기를 하는가?" 강의를 하면서 이런 물음을 던지면, 하루에 대부분 1시간 미만이고 30분 미만도 상당수 되었다. 하루에 한두 시간 정도 대화하는 부부는 소수였다. 주로 하는 이야기는 자녀들의 이야기였고, 집안이야기였다. 부부의 개인적인 삶을 나누는 시간은 극히 적었다.

부부가 자신의 감정 상태를 표현하고, 푸는 시간이 없이 마음 한 구석에 쌓아놓는다. 그러다 감정적으로 힘든 상황이 오면, 다투게 된다. 한쪽이 너무 감정을 쏟아내면, 상대방은 반복되는 상황에 지쳐버린다. 가장 가까이 살고 있는 부부지만, 감정적으로 점점 멀어진다.

서로의 아픔과 상처를 전혀 모른 채 살아가는 부부도 있다. 아픔과 상처를 알아도 그것을 품어주고 감싸주지 못하고, 오히려 더 깊은 상처를 주기도 한다.

연애하는 동안에는 서로 떨어지는 시간이 있기 때문에 개인이 감정 상태를 조절할 수 있는 시간과 공간이 생긴다. 하지만 결혼생활은 같은 시간과 공간에 있기 때문에 감정 상태가 좋지 않은 것이 그대로 상대방에게 전달되고, 또 영향을 받기도 한다. 이럴 때 서로의 아픔과 상처, 그리고 감정 상태를 공유하는 부부는 상황을 이해하기 때문에 서로의 마음을 공유하지 못한 부부보다 부딪힘이 적다. 혹 다툼이 있더라도 크게 번지지 않고, 화해하는 것도 그리 오래 걸리지 않는다. 하지만 서로의 감정 상태를 모르는 부부는 서로에게 쌓인 골의 깊이가 깊어지고, 큰 싸움이 일어나기도 하고, 생활하는데 불편하지 않을 정도의 거리만 유지한 채 무미건조한 결혼생활을 하게 된다.

많은 부부가 서로에 대해서 잘 안다고 하지만, 정말 마음 속 깊은 곳에 있는 아픔이나 상처를 배우자에게 드러내지 않는다. 그래서 자신의 말이나 행동 때문에 상대방이 상처를 받지만, 상대방이 상처를 받았다는 것조차 모르는 경우도 있다. 상대방은 말은 못하고, 속으로 앓다가 감정이 좋지 않을 때 화를 내기도 한다. 이런 상황들이 계속 되풀이 되는데, 같은 문제로 갈등을 겪고 싸움을 반복한다.

다툼이 반복되고 함께한 시간들이 늘어나면 자연스럽게 서로의 약점을 알게 된다. 그리고 싸움이 일어나면 상대방의 상처들을 공격한다. 불난 집에 부채질하듯 비난하고 공격한다. 이렇게 되면 더 격하게 싸울 뿐이다.

누구나 아픔과 상처가 있다. 하지만, 어떤 이는 아픔과 상처를 치료하고 더 나은 삶을 살고 있고, 어떤 이는 아픔과 상처를 마음에 품고 산다. 사람들 대부분이 아픔과 상처를 드러내고 치료하는 것보다 마음에 품고 산다. 가장 가까운 가족(부모, 형제자매, 부부, 자녀)에게 아픔과 상처를 터놓고 이야기하는 경우는 드물다.

우리 부부도 결혼 초부터 다툼이 많았다. 잘 살기 위해서 서로 잘 맞추려고 노력했지만, 어떤 부분에서는 잘 되지 않았다. 나는 인정받는 말에 민감하다. 어린 시절부터 인정받는 말에 목말랐기 때문이다. 아내가 가끔씩 내가 하는 말이나 행동에 빈정거리는 듯한 반응을 보이면 감정이 폭발했다. 언제 어디서나 비슷한 상황이 되면 싸우게 됐다.

2014년부터 2015년까지 만 2년 동안 제주도생활을 하면서 아내와 함께 하는 시간이 많아지고, 자연스럽게 대화하는 시간이 길어졌다. 비슷한 것에 관심이 있기 때문에 깊이 있는 이야기를 하게 되고, 어느 날 서로 어린 시절의 아픔과 상처에 대해서 이야기를 하게 됐다. 그날, 우리 부부는 참 많이 울었다. 10년을 같이 살았는데, 아내에게 이런 아픔과 상처가 있다는 걸 전혀 몰랐다. '아~ 그래서 아내는 그런 상황에서 그렇게 반응을 했던 것이구나!' 하는 생각을 했다. 아내 역시 나의 이야기를 듣고 같은 이야기를 했다. 그 이후로 우리 부부는 정말 드러내기 싫은 것까지 이야기하며 서로 격려하고 위로하는 시간을 많이 가졌다.

서로의 아픔과 상처를 알고 나니 비슷한 상황이 되었을 때, 상대방의 상태를 이해하게 되고 화를 내기보다는 함께 그 마음에 공감하는 말과 행동을 하게 됐다. 그러니까 다툼이 많이 줄고, 다툼이 있더라도 쉽게 화해하게 됐다.

사랑해서 결혼했는데, 왜 우리 부부는 이렇게 답답하고 싸우는 것일까? 만약 그 이유가 서로의 아픔과 상처 때문이라면 허심탄회하게 이야기하고 서로 품어주면 어떨까?

부부싸움은 칼로 물 베기?

'부부 싸움은 칼로 물 베기'라는 말이 있다. 부부는 싸움을 해도 화합하기 쉬움을 비유적으로 이르는 말이다. 그런데 요즘은 부부싸움을 하다가 이혼하는 가정이 많다. 결혼식을 하고 신혼여행에 가서 싸우고 곧바로 갈라선 부부도 있다. 이전 세대와 다르게 부부의 관계가 쉽게 무너지고 있는 시대이다. 이전 세대보다 요즘 부부의 갈등이 더 심하기 때문일까?

이전 세대에는 부부가 맞지 않아도 아내가 많이 참고 남편에게 맞춰주는 편이었다. 아내가 속앓이를 해서 화병이 나도 남편에게 맞춰주는 게 사회적 분위기였다. 그런데 요즘은 아내가 속앓이를 하면서 남편에 맞춰야 하는 사회적 분위기가 아니다. 남편도 아내도 서로 이기기 위해 각자의 목소리를 낸다. 그러다 감정이 격하게 되고, 돌이킬 수 없는 선을 넘는 경우가 생기기도 한다.

부부의 갈등은 예나 지금이나 별반 차이가 없고, 쉽게 해결되지 않은 부분이다. 부부의 갈등 중에 가장 힘든 부분이 의사소통(意思疏通)이다. 의사소통은 '사람들 간에 생각이나 감정 등을 교환하는 총체적인 행위'를 말한다. 의사소통에는 언어적 요소뿐만 아니라 행동, 자세, 얼굴표정, 눈맞춤, 목소리, 억양 등과 같은 비어적 요소도 함께 이루어진다. 중요한 것은 서로 교류가 일어나야 그 흐름이 원활하다. 의사소통에서 일방통행은 그야말로 다른 사람과의 관계를 망치는 지름길이다.

남녀가 사랑하고 잘 통(通)해서 결혼하지만, 일상생활 속에서 서로를 이해하지 못하는 부분이 참 많다. 성별, 성격, 기질, 문화, 상황에 따라 맞는 것보다 맞지 않은 것이 더 많다. 달라도 너무 다른 두 사람이 부부로 지낸다. 그러니 어떤 이는 부부로 지내는 것이 기적이라고 말하기도 한다. 사람마다 똑같은 이는 없다. 동일 인물도 '어제의 나'와 '오늘의 나'가 다르다. 내 삶에 큰 일이 일어나지 않아도 똑같이 않다. 그러니 다른 이들과는 어떻겠는가?

부부 문제가 중요한 것은 부부관계에서 끝나는 것이 아니라 자녀들에게 연결되기 때문이다. 부부의 갈등이 지속되는 가정에서 자란 아이는 불안감이 다른 아이들보다 클 수밖에 없다. 또 가정과 이성에 대한 부정적인 사고를 가질 수 있는 확률이 높다.

그렇다면, 부부의 소통을 어떻게 극복할 수 있을까? 부부가 서로 어떤 사람인지 알기만 하더라도 부부의 갈등은 많이 줄어든다. 서로에 대해서 아는 것과 모르는 것의 차이가 정말 크다. 우리 속담에 "자라보고 놀란 가슴 솥뚜껑보고 놀란다"는 말이 있다. 자라가 육식동물이라서 사람의 손가락을 잘라 낼 수 있을 만큼 이가 아주 강하다고 한다. 한 번 물면 절대로 놓지 않는 무서운 동물이기에 자라에게 물린 사람은 그게 얼마나 아픈지 알고 있다. 그래서 자라 등딱지랑 비슷하게 생긴 솥뚜껑만 보더라도 깜짝 깜짝 놀란다.

과거 경험했던 위기, 공포와 비슷한 일이 발생했을 때 당시의 감정을 다시 느끼면서 심리적 불안을 겪는 증상을 영어로 '트라우마'라고 말하는데, 이와 비슷한 것이다. 좀 쉽게 이야기하자면, 사람들이 말하고 행동하는 것에는 대개 이유가 있다는 것이다. 왜 그렇게 말하고 행동하는지 그 이유를 알고 있는 경우와 전혀 모르는 경우 그 사람을 대하는 태도가 180도 달라질 수 있다.

교통량이 많아 곳곳에서 차가 꽉 막히는 경우가 많다. 그런데 구급차가 경보음을 내면 구급차가 빨리 지나갈 수 있도록 홍해가 갈라지듯 길을 비켜준다. 꽉 막힌 상태에서 짜증이 나도 운전자들이 지나갈 수 있도록 노력한다. 왜냐하면, 운전자들이 위급하다는 것을 알기 때문이다. 그런데 예전에는 지금처럼 구급차가 지나가도록 길을 내어주지 않았다. 위급하다는 공감대가 형성되지 않았기 때문이다. 또 위급하지 않으면서 경보음을 내다가 경찰에게 발각되는 경우들이 종종 있었기 때문에 부정적인 인식이 있기도 했다. 사람의 마음이 다 그렇다. 다른 사람의 위급상황에서 자신이 조금 희생하더라도 아량을 베풀게 된다. 그리고 마음에 흡족함을 느낀다.

부부관계에서도 배우자가 말과 행동에 어떤 배경이 있는지 알면, 배려하고 측은한 마음이 생긴다. 그리고 그 상태를 나의 상황에 맞게 고치려 하지 않고 있는 그대로 인정한다. "의가 없는 부부는 맞지 않는 신발과 같다"는 속담이다. 사이가 좋지 않은 부부는 발에 맞지 않는 신발처럼 늘 마음에 고통을 주게 된다는 말이다. 발도 고통을 받지만, 신발도 고통을 받는다. 부부관계는 한쪽만 고통을 받지 않고 서로 주고받는다.

서로 다름을 인정하는 부부

'다르다'와 '틀리다'는 큰 차이가 있다. '다르다'는 비교가 되는 두 대상이 서로 같지 아니한 것을 말하고, '틀리다'는 셈이나 사실 따위가 그르게 되거나 어긋나는 것을 말한다. 틀리다는 옳고 그름의 상황에서 사용하는 말인데, 일상적인 우리말에서 다르다는 상황에서 틀리다는 말을 많이 한다. 이는 우리 안에 나와 같지 않은 것을 옳지 않다고 생각하는 것에서 비롯된 것이다. 나와 다르지만, 그 다름이 틀린 것은 아니다.

계속하는 말이지만, 부부는 정말 다르다. 남자와 여자는 다른 '염색체'를 가지고 있다. 염색체에는 'x'와 'y'가 있다. 이 두 개의 염색체가 어떻게 만나느냐에 따라 성별이 정해진다. 남자는 어머니의 x염색체와 아버지의 y염색체가 만나 'xy'가 되고, 여자는 어머니의 'x'와 아버지의 'x'가 만나 'xx'가 된다. 어머니에게는 x 염색체만 있어서 사람의 성별은 아버지의 염색체가 'x'냐 'y'냐에 따라서 결정된다.

y염색체가 '남성'을 결정하는 염색체인데, 수정한 지 6주 정도가 지나면 y염색체에서 '테스토스테론'이라는 호르몬이 분비되기 시작한다. '테스토스테론'은 사람의 우뇌를 성장시켜준다. 그래서 일반적으로 대부분의 남자는 왼쪽 뇌보다 오른쪽 뇌가 크다고 한다. '테스토스테론'에 영향을 받지 않은 여자는 양쪽 뇌의 크기가 비슷하다.

좌뇌와 우뇌에 각각 특징이 있다. 오른쪽 뇌가 크다는 건 그쪽이 그만큼 발달했다는 것이다. 우뇌에는 음악을 듣거나 그림을 보거나 어떤 그림을 떠올리는 기능이 있다. 대개 남자들은 하나밖에 모른다. 뭔가에 몰입하고 집중할 때 주변을 돌아보지 못하는 경향이 있다.

반면에 왼쪽 뇌는 말을 하거나 계산하는 일 같은 논리적인 기능을 한다. 왼쪽 뇌는 언어와 관련된 기능이 강하다. 누군가 또는 무언가가 있다고 할 때, 왼쪽 뇌는 이름을 기억하는 역할을 한다. 반대로 오른쪽 뇌는 이름보다는 얼굴이나 모습, 그림 같은 걸 기억하게 한다. 말을 할 때도, 왼쪽 뇌는 단어를 많이 쓰는 기능을 하고 오른쪽 뇌는 몸을 움직이는 등의 기능을 한다.

왼쪽 뇌는 분석적이고 논리적이다. 그래서 체계적인 방법으로 문제를 해결하고 이성적으로 함께 풀어가려고 한다. 이게 바로 여성들의 방법이다. 그런데, 오른쪽 뇌가 발달한 남자들은 직관적이다. 직관적 판단에 의해서 문제를 해결하려고 한다. 논리적인 생각보다는 우스운 생각을 하기도 하고, 함께 해결하기보다는 혼자서 이런 방법, 저런 방법들을 해보고 제일 좋은 것들을 선정해서 통보한다.

남자와 여자의 성향을 남편과 아내가 다 알고 있어야 한다. 아내의 입장에서 보자면, 먼저 여자의 성향에 대해서 알아야 한다. 그리고 남자의 성향에 대해서도 알아야 한다. 한쪽의 성향만 알고 있으면 안 된다.

이런 선지식이 없으면 나하고 맞지 않는 부분을 '틀리다'고 생각한다. '다르다'는 것이 아니라 저 사람은 '틀렸어'라고 생각한다. 내 말이 옳으니까 내 말대로 해야 한다는 생각이 저변에 깔려 있다. 그런데 부부관계에서 어떤 것이 맞고 어떤 것이 틀리다고 확실하게 이야기할 수 있는 부분이 없다.

물론 부부의 신뢰관계나 꼭 지켜야 하는 것들이 있다. 하지만 부부관계의 갈등은 그런 것보다는 아주 사소한 것으로 시작된다. 그런데 그것이 옳고 그름의 문제가 아니라 '다름'의 문제라는 것이다.

아내는 남편이 여자들이 생각하는 방식으로 자신을 대해주길 원한다. 반대로 남편은 아내가 남자들이 생각하는 방식으로 자신을 대해주길 바란다. 그래서 아내의 이야기를 듣다 보면, 남편이 다 잘못하는 것 같다. 그런데 남편 이야기를 들으면, 남편이 그리 잘못한 것이 없다. 입장 차이가 조금 있을 뿐이다. 악한 마음이나 사랑하지 않아서가 아니라 생물학적으로 다른 부분이다.

이런 부분이 서로 감정이 좋을 때나 한쪽이 감정 상태가 좋지 않지만 다른 한쪽은 괜찮을 때는 싸움이 일어나지 않는다. 그런데 둘 다 감정 상태가 좋지 않은 시점에 이런 부분들 때문에 화가 폭발한다. 다름을 인정하는 서로의 노력이 필요하다.

다른 행동, 같은 마음

개와 고양이는 앙숙이다. 그 이유는 같은 행동을 다른 의미로 받아들이기 때문이다. 예를 들면, 개는 기분이 좋을 때 꼬리를 흔들고, 경계할 때는 꼬리를 세운다. 그런데 고양이는 기분이 좋을 때 꼬리를 세운다. 꼬리를 살살 흔드는 건 경계를 하고 있다는 뜻이다. 또 개가 '으르렁'거리면 화가 나고 경계하는 것인데, 고양이가 '그르렁'거리면 기분이 좋다는 뜻이다. 개가 귀를 뒤로 젖히면 경계가 풀린 것이지만, 고양이는 완전 경계하고 있는 것이다. 이렇게 고양이와 개가 하는 행동이 정반대의 언어이기 때문에 서로 맞지 않는 것이다. 개와 고양이처럼 같은 마음이지만, 행동하는 것이 달라서 서로 오해를 하는 경우가 생기는 것이다.

남자가 제일 억울한 경우가 있는데 어떤 문제가 생겼을 때 그것을 풀어가는 과정에서 생기는 오해이다. 남자들은 문제가 있을 때, 그 자리에서 그 문제를 해결할 수 없다고 판단이 되면 대부분은 그 문제로부터 벗어나려고 한다. 그래서 자거나 다른 행동, TV를 보거나 운동을 하거나 밖에 나가서 걷거나 한다. 그러면서 머릿속으로는 여러 가지 해결방법들을 생각한다. 이렇게 해보고, 저렇게 해보고. 그리고 자기의 감정을 다스린다. 혼자 문제를 풀어가는 것이다.

여자들 입장에서 보면, 화가 난다. 여자들은 이야기하면서 함께 풀어가야 하는데, 혼자서 그렇게 하고 있는 모습이 이해가 되지 않는다. 남자만의 문제가 아니라 여자의 문제이기도 하기 때문이다.

남자는 혼자 고민하며 문제를 해결하고 여자에게 간다. 그리고 자신처럼 여자도 문제가 풀렸다고 생각하고 이야기하거나 행동한다. 여자 입장에서는 갑자기 사라졌다가 와서 통보하는 것처럼 느낀다. 여자의 감정은 그대로인데, 남자가 아무렇지 않게 이야기하니까 더 화가 난다.

남자는 자신의 문제라고 생각하고 여자와 함께 풀어야 하는지 전혀 모른다. 자신이 다 풀렸으니 여자도 그렇다고 단순하게 생각하는 것이다. 그래서 좋은 마음으로 다가가는데, 여자의 반응은 그게 아니다. 남자는 여자의 반응에 황당해 한다. 여자가 뭐 때문에 화가 났는지 모른다. 아무리 생각해봐도 여자의 행동이 이해되지 않는다. 남자 입장에서는 여자가 문제를 풀 생각이 없다고 판단을 내리고 버럭 화를 낸다. 여자는 그런 모습을 보고 나를 무시하나 하는 생각을 한다. 이런 상황을 몇 번 반복하다 보면, 갈등의 골이 깊어지고 서로 포기하게 된다.

그래서 부부의 다름, 차이를 알아가면서 부부관계를 회복하고 부부만의 접촉점들을 찾아가야 한다. 부부관계는 정답이 없다. 사람도 다르고, 환경도 너무 다르기 때문이다. 그래서 부부문제는 부부만 풀 수 있다.

이 글을 읽으면서 답답함을 느낀다면, 긍정적이다. 답답함을 느낀다는 것은 그 전에는 몰랐던 상대방의 상황을 알면서 느끼는 감정이니까 조금이라도 상대방에 대해 알아가고 있다는 것이다.

부부 갈등의 대부분은 옳고 그릇됨이 아니다. 다름 때문이다. 서로 알아가고 인정하는 노력을 하면 된다. 남편이 뭔가 문제가 일어났을 때 혼자만의 시간을 갖는다는 것을 안다면, 이런 상황에서 남편이 그냥 감정적으로 회피한 것이 아니라 문제를 해결하기 위해서 시간을 갖는구나 생각하고 기다려주면 화가 덜 난다. 그리고 남편이 와서 이야기할 때 "그랬구나!" 하면서 문제를 함께 풀어가지 않고 흥분하는 행동을 해서 기분이 나쁘다는 것을 표현하면 남편도 반격을 안 한다.

그리고 어떤 문제가 일어났을 때 혼자 결정하지 않고 함께 이야기해서 풀어갔으면 좋겠다든지, 어떻게 그런 결정을 했는지 자세하게 이야기를 해주면 좋겠다고 말하면 된다. 남편 입장에서는 자신의 마음을 알아주는 아내가 고마울 것이다. 서로의 감정을 상하지 않게 얼마든지 문제들을 해결해 갈 수 있다.

남편과 아내가 함께 노력하면 싸움도 줄어들고 서로의 이야기를 나눌 수 있다. 다름의 차이들을 서로 조율해서 점점 줄여나가면 된다. 부부가 서로의 차이를 그대로 인정하고 함께 그 차이를 줄여가는 시간을 가지면 좋겠다.

part 3

아빠의 정체성

아빠의 정체성

"어~ 아버님이 오셨네요."

아이들 학부모 공개수업이나 상담을 받으러 갈 때 선생님들께 제일 먼저 듣는 말이다. 보통 아이들 일에는 아빠보다는 엄마가 오기 때문이다. 직업상 아내는 휴가를 내기가 어렵다. 지금은 퇴사했지만, 반대로 나는 회사에 지장을 주지 않은 범위에서 자유롭게 휴가를 낼 수 있었다. 그래서 아이들 돌보는 일과 학교 일은 시간이 여유로운 내가 주로 맡고 있다. 그러다 보니, 선생님들과의 첫 만남에서 선생님들의 당황한 표정과 함께 듣는 첫 마디가 "어~ 아버님이 오셨네요."였다. 그리고 "아버님이 오신 경우는 처음이에요." 하고 말했다.

우리나라는 남녀구분이 확실한 나라였다. 남녀칠세부동석이라 7세부터 남녀가 한 공간에서 있는 것조차 허락하지 않았다. 하는 일도 정해져 있었다. 남자는 밖에서 돈을 벌어오고, 여자는 안에서 살림을 했다. 그래서 남편은 바깥양반, 아내는 안사람이라고 말했다. 그런데 여자는 생활이 어려우면 집안 살림뿐만 아니라 바깥일도 했다. 그렇다고 남자가 살림을 도와주는 일은 거의 없었다. 집안일은 남자가 하는 일이 아니라고 생각했다. 어렸을 때, 할머니에게 남자가 부엌에 들어가면 안 된다고 얼마나 들었는지 모른다. 부엌에 들어갔다가 호되게 혼난 적도 있다.

이런 문화는 시대가 변하면서 조금씩 사라지고 있지만, 아직도 사회 곳곳에 남아 있다. 큰 아이(2004년생)가 어린이집과 유치원을 다닐 때만 해도, 아빠가 자녀양육에 적극적으로 동참하는 경우가 드물었다. 아이들과 관련된 곳에 가면, 항상 청일점이었다. 그나마 수다 떠는 걸 좋아했기 때문에 그런 공간에서 특별한 어려움이 없었지만, 다른 엄마들에게 눈에 띄는 존재였다. 지금도 큰아이 학교 모임이나 행사에 가면 청일점인 경우가 많다. 자녀양육에 아빠가 동참해야 된다는 목소리가 높아지긴 했지만, 시간을 내기가 만만치 않다. 그래도 10년 전과 비교해보면, 아빠들이 자녀양육에 관심을 가지고 동참하는 비율이 많아졌다.

그런데 아빠의 동참에 씁쓸한 면이 있다. 그건 바로 아빠의 정체성이다. 아빠가 아빠의 모습으로 자녀양육에 동참해야 하는데, 어떻게 해야 할지 잘 모른다. 우리 전(前) 세대의 아빠들이 자녀를 양육했던 모델

이 없기 때문이다. 그래서 엄마가 자녀를 양육하는 모습을 그대로 따라하거나 아내가 시키는 대로 한다. 다른 말로 표현하자면, 아빠가 엄마의 역할을 하는 것이다. 이런 경우, 아빠를 '제2의 엄마'라고 부르기도 한다. 남자와 여자는 신체적으로, 정신적으로 차이가 있다. 의학계나 심리학계에서도 이런 차이들을 연구해서 여러 가지 논문들을 발표하고, 다양한 책들이 시중에 나와 있다. 여자가 바라보는 시각과 남자가 바라보는 시각의 차이가 있다. 같은 곳을 보더라도 눈에 들어오는 것이 다르다. 자녀양육도 마찬가지다. 아빠와 엄마는 아이를 바라보는 시각에 차이가 있다. 엄마의 눈에는 선명하게 들어오는 것도 아빠는 전혀 보이지 않는다. 하지만 반대로 엄마가 절대 볼 수 없는 것을 아빠는 한눈에 볼 수 있다. 아빠가 자녀양육에 참여한다고 하면, 엄마의 의견대로 하는 경우가 많다. 엄마가 아빠보다 양육에 대해서 더 잘 안다고 생각하기 때문이다. 하지만, 아빠는 아빠의 모습으로 자녀양육에 함께 참여해야 한다. 엄마는 엄마의 역할로, 아빠는 아빠의 역할로 자녀양육에 참여해야 한다.

초등학교 입학하면, 애는 누가 돌보지?

　부모가 아이를 양육하는 것이 얼마나 힘든 일인지 모두 동감할 것이다. 특히 맞벌이하는 부모는 힘이 더 든다. 회사에, 집안일만으로 벅찬데 아이까지 키워야 하니 그야말로 슈퍼맨과 슈퍼우먼이 되어야만 한다. 우리 부부도 그랬다. 아침마다 큰 아이는 아내가 맡고, 작은 아이는 내가 맡아서 유치원과 어린이집에 보냈다. 아침마다 자고 있는 작은 아이를 이불로 돌돌 말아서 아파트 1층 어린이집 원장님에 맡기고 서둘러 출근했다. 작은 아이는 이때를 기억한다. 30개월 정도 됐을 때인데 말이다. 어쩌다 어린이집 원장이 조금 늦는 날이면, 발을 동동 구르면서 원장님에게 전화를 얼마나 많이 했는지 모른다. 그때를 생각하니 지금도 눈물이 핑 돈다. 아내가 퇴근시간이 조금 이르고 일정했기에 큰 아이와 작은 아이를 차례대로 데리고 와서 그나마 나의 퇴근길은 순조로웠다. 가끔 아내가 일이 늦어지는 날이면 아이들은 저녁 늦은 시간까지 유치원과 어린이집에 있어야 했다. 늦은 시간 얼마 남지 않은 아이들 속에서 엄마를 기다리는 아이를 볼 때면 아내는 미안한 마음이 들었다고 한다. 다른 맞벌이 부모들도 다 같은 마음이다. 그나마 이런 일도 아이들이 어린이집과 유치원이었기 때문에 가능한 일이었다. 초등학생이 되면 방과 후 아이들의 오후시간을 돌봐줄 누군가가 필요하다.

큰 아이가 7살 되던 해 여름부터 우리 부부의 대화중에 단골로 등장한 주제는 바로 큰 아이가 초등학교에 들어가면 누가 돌보냐는 문제였다. 이건 우리 부부만의 문제는 아닐 것이다. 초등학교 입학을 앞둔 부모들은 비슷한 대화를 할 것이다. 맞벌이 부모의 최대 고민이다. 이 문제에 대한 정답은 없다. 각 가정마다 처한 상황이 저마다 다르니까. 우리 사회가 이런 고민 없이 아이들을 키울 수 있다면 얼마나 좋을까? 하지만 현실이 그렇지 못하니까, 그 안에서 우리가 할 수 있는 최선의 선택을 해야 한다. 부모의 지혜가 필요한 시기다. 큰 아이에게 물으니 하교 후에 집에 혼자 있는 게 싫다고 했다. 우리가 퇴근하기 전까지 학원에 보낼 생각도 했지만, 우리는 학원을 보내지 말자고 의견을 모았다. 어떻게 해야 할지 쉽게 결정을 내리지 못하다가 6개월 이상 고민한 끝에 우리 부부는 큰 결정을 내렸다. 둘 중에 한 사람이 아이를 돌보는 것이었다. 그렇게 나는 2011년에 다니던 회사를 그만뒀다. 요즘처럼 아빠도 육아휴직을 할 수 있었다면 어떻게 했을까 생각해 본다. 물론 지금도 이런 호사를 누릴 수 있는 아빠가 그리 많지 않다.

우리 부부가 이런 선택을 한 것은 자녀양육의 가치관이 일치했기 때문이었다. 부부의 생각이 하나로 맞춰지지 않았다면, 이런 결정을 내리지 못했을 것이다. 오랜 시간 이 문제에 대해서 이야기하면서 아이들에게, 우리에게 어떻게 하는 것이 더 좋을까, 무엇이 중요한 가치일까 고민했기 때문이었을 것이다. 만약 우리가 서로 다른 것에 행복의 가치를 두고 있었다면, 그렇게 선택하지 못했을 것이다. 그렇게 해서, 아빠의 자녀양육이 본격적으로 시작되었다. 모든 것이 처음이었기 때문에 서툰 점도 있고 시행착오가 있었지만, 나는 나대로, 아내는 아내대로, 아이들은 아이들대로 만족했다. 특히 아내는 출근시간에 아이를 챙기지 않아도 되니 아침 시간에 여유가 생겼다. 아이들도 아침에 충분한 잠을 잘 수 있었다. 나는 출근하지 않아도 되니 서툰 솜씨지만 아이들 아침밥을 준비하고 학교 갈 준비를 도울 수 있었다. 우리의 선택으로 힘들고 어려운 부분도 많이 있었지만, 우리가 중요하다고 생각한 가치 안에서 행복하고 만족한 삶을 누리게 되었다.

아들 키우느라 미치겠다고요?

많은 엄마들이 아들 키우는 게 너무 힘들다고 한다. 요즘 학원가와 서점가에 아들 키우기가 화두로 등장하고, 요즘 '아들 홍역' 시대라고 말한다. 아들 관련 책들이 쏟아져 나오고, '아들 공부'를 위한 사설학원이 등장했다고 하니 그야말로 엄마들이 아들 키우는 게 얼마나 힘이 드는지 알 수 있다. 엄마들이 아들 키우는 것이 힘든 이유는 남자와 여자의 다름을 인정하기 쉽지 않기 때문이다.

자신이 직접 경험하지 못하는 것을 이해하고 인정한다는 것은 쉽지 않다. 자신이 경험하지 못하고 머리로만 이해한 채 공감한다는 것은 아주 작은 부분을 이해할뿐이지 진정한 공감을 이루지는 못한다. 이런 이유 때문에 엄마가 성이 다른 아들을 키울 때 힘이 든다. 아빠는 동성이기 때문에, 아들이 왜 그렇게 하는지 엄마보다 더 잘 안다. 아빠가 남자 아이로 자랐기 때문이다. 엄마 입장에서는 뭔가 큰일이 일어난 것

같지만, 아빠 입장에서는 그리 대단한 일이 아닌 경우도 있다. 반대로 아빠 입장에서는 큰일인 것 같은데, 엄마 입장에서는 아무 것도 아니라고 생각할 수도 있다.

아내가 가끔 나에게 이런 말을 한다. "도대체 나는 애들이 왜 저런 행동을 하는지 이해할 수 없어!" 그런 아내에게 나는 이렇게 대답하곤 한다. "그래? 난 충분히 이해가 되는데." "괜찮아. 그렇게 심각하게 걱정할 문제 아니야." 정말 그렇다. 대부분 남자아이들은 여자아이들보다 몸에 에너지가 많다. 아이들 대부분이 신체적인 활동으로 에너지를 발산한다. 몸에서 에너지가 쏟아져 나오는데, 의자에만 앉아 있으라고 하면 좀이 쑤신다. 매일 신체적인 활동을 해서 에너지를 소모해야 한다. 몸을 부딪치고 땀을 흘리면서 노는 것을 좋아한다. 나도 두 아들과 몸싸움을 하면서 논다. 씨름도 하고, 유도도 한다. 그러다 넘어지기도 하고, 물건에 부딪히기도 한다. 때로는 영광의(?) 상처를 남겨서 아내를 걱정시키기도 한다.

아내는 도대체 이 아이들이 왜 이렇게 노는지 이해할 수 없다고 한다. 가끔 이 아이들이라는 무리에 나를 포함해서 말하는 것 같다. 하지만 이런 놀이를 통해서 엄마가 절대 이해할 수 없는 재미와 유대감을 갖게 된다. 이 글을 읽고 있는 아빠라면, 다 알 것이다. 아이들이 태어난 후, 고등학생이 되기 전까지 양육을 받는 곳에 있는 분들이 대부분 여성들이다. 어린이집, 유치원, 초등학교, 중학교, 그리고 각종 학원까지 아이들이 접하는 선생님들의 대부분이 여자 선생님이다. 선생님과 엄마는 여자아이와 비교했을 때 남자아이들이 다루기 힘들다고 말한다. 많이 움직이고, 산만하고, 말도 잘 안 듣는다. 덩치가 커지면, 감당하기가 더 힘들다. 그래서 선생님들도 엄마들도 남자아이 다루기가 힘들다고 한다.

아들을 아들답게 키우면 쉬운데, 아들을 딸처럼 키우려고 하니 힘들다. 엄마 생각의 틀 안에서 아들이 자랐으면 하고 생각하기 때문이다. 엄마가 아무리 아들의 입장을 들어주고 이해하려고 해도 한계가 있다. 아들은 아빠의 역할이 중요하다. 아빠가 아들의 이야기를 들어주고, 놀아주면 된다. 같은 남자의 입장에서 있는 그대로 받아주면 된다. 아빠와 함께 많은 시간을 보낸 아들은 그리 큰 사고 없이 잘 성장하는 경우가 많다. 남자들끼리 과격하게 놀다가 정형외과에 가는 일은 종종 있겠지만. 우리 집도 아이들이 어릴 때 정형외과와 응급실을 몇 차례 다녀왔다.

우리의 조상들을 살펴보면, 아들이 어느 정도 자라면 아빠에게 교육을 받았다. 글을 배우고, 삶을 배웠다. 딸은 엄마에게 교육을 받았다. 조선시대에 글을 배우지 않고, 농사를 짓거나 장사를 하는 사람들도 아들은 아버지와 시간을 보내면서 아버지의 삶을 배웠다. 이렇게 동성

끼리 있었기 때문에, 양육하는 데 그렇게 큰 어려움이 없었다. 그런데 산업혁명이 일어나면서 양육의 패러다임이 변했다. 아빠는 밖에 나가서 일을 하고, 어머니는 집에서 살림을 하면서 모든 양육이 엄마에게 맡겨졌다. 그나마 대가족의 형태를 지니고 있었던 시대나 골목시대에서 자랐을 시절에는 양육이 엄마만의 몫은 아니었다. 집안에 있는 어른들과 많은 아이들이 함께 어울리며 지냈기 때문에 양육이 힘들지 않았다. 하지만 빌라와 아파트가 들어선 후 옆집에, 위아래 집에 누가 살고 있는지도 모르게 된 시대부터 양육은 오롯이 부모에게만 맡겨졌다. 아니, 엄마에게만 맡겨졌다. 이때부터 아들을 키우는 엄마들은 힘들어졌다. 그리고 여러분들도 잘 알고 있듯이 딸 둘에 아들 하나면 '금메달', 딸 둘 낳으면 '은메달', 아들 둘 낳으면 '목메달'이라는 말까지 나왔다. 아들을 키우는 것이 미치겠다는 말은 대부분 아빠가 양육에 참여하지 않기 때문이라고 생각한다. 아빠가 조금만 더 적극적으로 양육에 참여한다면, 아들을 키우는 게 미치겠다는 말은 조금은 수그러들지 않을까?

아들은 아빠가 필요하다

나는 아들만 둘을 키우는 아빠다. 그래서 좋다. '딸바보' 아빠들의 즐거움은 모르지만, 아들들과 함께 공유하는 것들이 많아서 좋다. 상대적으로 아이들이 크면서 엄마가 아들들과 함께하는 것이 없어서 가끔씩 외롭다는 것을 느끼긴 하지만, 아빠 입장에서는 아무튼 좋다. 예전에 〈개그콘서트〉에서 '아빠와 아들'이라는 프로그램이 있었다. 아빠와 아들의 공통점들이 주된 내용이었다. 아빠보다 더한 아들이나 아들보다 더한 아빠의 모습을 보여주면서 웃음을 준 프로그램이었다. 아빠와 아들의 닮은 점들이 소개될 때마다 가끔씩 우리의 공통점들을 생각하곤 했다.

아이들은 각자 다른 기질, 성격 등을 타고 난다. 부모의 유전자 영향을 받더라도 아빠나 엄마를 100% 닮은 모습으로 태어나지는 않는다. 유전자와는 별도로 아이들이 성장하면서 바라보는 부모의 삶에서 더 큰 영향을 받을 수 있다. 좋은 점도 닮고, 나쁜 점도 닮는다. 아이들은 모방의 신이니까. 가끔씩 내가 가장 싫어하는 내 모습이 아이들에서 보일 때가 있다. 그럴 때마다 내 마음에서는 두 가지 울림이 일어난다. '역시 내 아들이야.' 그리고 '쟤가 왜 저럴까.' 전자의 경우에는 긍정적인 경우로 아이의 모습뿐만 아니라 나의 모습까지 인정하는 마음이다. 후자의 경우는 아이의 모습을 부정적으로 바라보면서 나의 모습을 감추려는 마음이다. 나는 그렇지 않은 척 하면서 아이에게 모든 것을 덮어씌우는 모습이다. 전자는 아이에게나 부모에게 긍정적인 영향을 주지만, 후자의 경우에는 아이에게도 부모에게도 부정적인 영향을 준다.

아빠와 아들. 엄마와 딸. 부모와 자녀와의 관계에서도 동성 간의 관계는 이성 간의 관계와는 달리 조금 더 통하는 것이 있다. 나이가 들면서 딸은 엄마의 삶을 경험하게 되고, 아들은 아빠의 일상을 경험하게 된다. 그래서일까? 아들, 딸이 결혼을 해서 아이를 낳고 부모의 길을 걷게 되면 아들은 아빠의 마음을, 딸은 엄마의 마음을 더 잘 이해하게 된다.

우리세대의 아빠들은 대체로 자녀들을 사랑하고 있다는 것을 겉으로 표현하지 않았다. 특히 아들에게는 더욱 그랬다. 그런 탓에 부성애를 느끼지 못한 채 성장했다고 느끼는 아들들이 많았다. 하지만, 아빠가 된 후 그때 아버지의 마음을 충분히 이해하게 된다. 아빠의 말과 행동에 사랑이 깃들어 있었다는 것을 그제야 깨닫는다. 나도 나의 아버지와의 관계가 그랬다. 아버지가 나에게 사랑한다는 것을 직접적으로 표현하지 않았다.

아버지가 자녀를 사랑하는 방식은 열심히 일을 해서 성실하게 가족을 부양하는 것이었다. 굶기지 않는 것, 조금 더 많은 것들을 해주는 것이 아버지의 사랑 방식이었다. 나도 아버지의 사랑을 아이를 낳고 그때야 제대로 알았다. '아~ 이런 마음이었구나!' 그때부터 새로운 마음으로 아버지의 모습을 보니 나이가 들었어도 아버지의 사랑은 끊이지 않고 계속 되고 있었다. 여전히 아버지만의 방식으로 사랑을 표현하고 계셨다. 아빠와 관련된 교육을 받고, 책을 읽으니 그 모습이 더 또렷하게 보였다. 아버지가 나를 이렇게 사랑하고 계셨다는 것을 어린 시절에 느꼈다면 얼마나 좋았을까 하는 생각한다. 말과 행동으로 표현해 주셨다면, 조금 더 행복한 시간을 보내지 않았을까 하는 생각한다.

행복한 가정은 자녀가 부모의 마음을 알아가고, 부모도 자녀의 마음을 알아가는 것이라고 생각한다. 마음을 알아가는 것이 말처럼 쉽지 않다는 것을 잘 안다. 잘 알고 있다고 생각했는데, 전혀 모르고 있을 때도 많다. 때로는 아무 것도 모른다고 생각했는데, 참 많은 것을 알고 있다고 느끼는 적도 있다. 마음을 알아가는 것. 그것은 아빠가 아들의 삶을, 아들이 아빠의 삶을 서로 알아가는 것이라고 생각한다.

14살 아빠와 14살 아들

어린이를 벗어나 어른이 되어가는 사춘기. 2000년 이전에 사춘기는 대개 여자는 중학교 때, 남자는 고등학교 때 겪었던 것 같다. 나도 중학교 때까지 어린아이처럼 그저 노는 것에 빠져있었다. 요즘 아이들 중 빠른 아이들은 초등학교 3-4학년 때 겪기도 한다.

국어사전에 보면, 사춘기는 성적 성숙이 현저하게 눈에 띄며, 2차 성징이 나타나 남성다운 체격이나 여성다운 모습을 갖추기 시작하고, 감수성이 고조된 시기이라고 한다. 가치관이나 세계관, 심적인 부분들이 세워져 가는 과정이기 때문에 정서적으로나 감정적으로 불안정한 상태다. 그래서 이 시기를 질풍노도의 시기라고 부른다.

어린아이가 집에만 있다가 어린이집이나 유치원을 가면, 아이들은 대부분 낯선 환경에 힘들어한다. 정도의 차이는 있겠지만, 초등학교에 입학할 때도 힘들어한다. 초등학교 때 전학을 세 번이나 다녔던 큰아이는 매번 새로운 환경에 힘들어했다. 큰 아이가 중학교에 올라 갈 때도 힘들어했다. 환경도 낯설기도 하고 사춘기가 시작되면서 오르내리는 감정적인 것을 조절하기 힘들어했다. 그 시절에 유독 큰아이와 부딪힘이 많았다. 지금도 가끔씩 그렇기도 하지만, 이젠 작은 아이가 사춘기가 시작되어 큰 아이보다 더 감정적으로 조절하기 힘들어한다. 아이들의 이런 변화에 부모는 더 많이 힘들어한다. 아이는 어린이를 벗어나 어른이 되어가는 과정인데, 부모는 아직도 어린이를 대하듯 하기 때문이다. 이랬다저랬다 하는 행동들도, 아무 생각 없이 멍하게 있는 모습들도, 가끔씩 반항하는 것들도 부모의 눈에 보기 좋지 않다.

어느 날, 나의 학창 시절을 돌아볼 기회가 있었다. 80년대에는 놀이문화라는 것이 많이 없었다. 1박을 한다는 것도 쉽지 않았다. 학교에서 수학여행, 수련회를 갔을 때 애들과 어떻게 놀까 이야기했다. 잠잘 시간이 어디 있는가? 선생님 눈을 피해서 놀 수 있을 때까지 놀았다. 고등학교 1학년 수학여행 때, 담임 선생님이 우리의 마음을 배려해주시는 분이셨기 때문에 다른 반에 비해서 더 늦은 시간까지 놀았다. 어른들의 시선을 피하면서 뭔가 일탈을 꿈꿨던 적도 있었다. 그때를 생각하니, 아이들의 마음이 충분히 이해가 됐다. 나도 그 시절에 그랬는데, 까맣게 다 잊은 기성세대가 되어버렸다. 그래서 아이들이랑 종종 나의 중고등학교 시절을 이야기한다. 나의 사춘기 시절을 생각해보면, 지금 아이들은 굉장히 잘 보내고 있다. 14살 아빠와 14살 아들을 비교하니까 나보다 아이들이 훨씬 나았다. 그래서 아이에게 이야기했다. "아무리 생각해봐도 우리 아들이 아빠보다 더 낫다. 그러니까, 네가 자라면 지금의 아빠보다 더 훌륭한 사람이 될 거야."

지금 아이의 나이 때 부모는 어떤 아이였나 생각해보자. 그 시절, 부모의 생각, 감정 등을 되뇌어보면, 아이를 공감하기에 훨씬 쉬워진다. 혹 그 시절과 지금은 다르다고 말하는 사람이 있을 것이다. 환경이나 문화, 시대가 다를 수 있다. 하지만, 사춘기 시절의 고민하고 힘들어하는 부분은 예나 지금이나 똑같다. 어린 아이에서 어른이 되어가는 과정은 조금씩 차이는 있겠지만, 동일하다. 14살의 부모와 14살의 아이가 만나서 마음의 이야기를 나눠보자.

부모가 사춘기를 어떻게 보냈는지 아이랑 이야기하다 보면, 옛 추억에 잠기곤 한다. 그 시절의 느낌에 빠지면 평소 아이에게 보이지 않았던 모습에 아이들은 새삼 놀라곤 한다. 또 부모가 자신과 같은 상황을 경험했다는 것에 재미를 느낀다. 그리고 지금 나와 같은 상황을 부모가 겪었다는 것에 동질감을 느낀다. 그러다 보면, 자연스럽게 자신의 이야기를 부모에게 들려준다. 14살의 부모와 14살의 아이가 공감하는 것이다.

아빠 스타일로, 엄마 스타일로 아이와 놀아주기

아빠, 엄마가 자녀와 함께 지내는 시간이 보통 얼마일까? 육아정책연구소가 보건복지부의 의뢰로 전국 2593가구를 조사한 2015년 보육실태조사 결과에 따르면, 평일에 자녀와 함께 지내는 시간은 엄마는 8시간 42분, 아빠는 3시간이라고 한다. 아빠가 아이들과 함께하는 시간이 절대적으로 부족하다.

지금 우리 가정을 보면, 맞벌이를 하는 가정이 많다. 그런데 부부 중에 집안일이나 양육을 담당하는 사람이 대부분 엄마다. 아빠의 참여가 늘기는 했지만, 그 시간은 많이 부족하다. 함께하는 시간이 있다고 하더라도 아빠들이 어릴 때 자신의 아빠와 놀았던 기억이 없었기에 아이와 어떻게 놀아야 할지 잘 모른다고 한다.

아빠가 적극적으로 육아에 참여하는 것은 엄마에게도 도움이 되지만, 아이의 발달에 긍정적인 영향을 준다. 아빠들은 일이 바쁘다는 이유를 들지만, 엄마들도 바쁜 것은 마찬가지다. 과거부터 지금까지 아빠는 돈을 벌고, 엄마는 살림과 육아를 하는 것으로 가정에서의 역할이 정해졌다. 아빠들의 핑계를 들자면, 아빠들의 아빠들은 아이는 엄마에게 맡기고, 일하는 것에 더 집중했기 때문에, 아빠들 세대가 어떻게 아이들과 함께 시간을 보내야 하는지 잘 모른다.

대가족이나 골목문화에서 공동육아를 할 때는 아빠의 부재가 크게 문제가 되지 않았다. 엄마 아빠가 바쁘다고 하더라도 친척들이 많았기 때문에 아이를 양육할 사람들이 많았다. 집안에도 아이들이 많았기 때문에 아이들끼리 생활하면서 자랐다. 지금은 오롯이 아빠와 엄마가 아이를 양육하기 때문에 아빠의 부재가 문제가 되는 것이다. 대부분 가정에서 아이들의 주양육자가 엄마이기 때문에 아빠들이 양육하는데 주도적이지 못하는 것이 많다. 아이들과 놀 때, 엄마는 엄마 스타일대로 놀고, 아빠는 아빠 스타일대로 논다. 그런데 엄마 입장에서는 아빠가 노는 스타일이 마음에 들지 않다. 남편에게 잔소리를 하고, 남편은 잘 놀아주고 있는데 왜 그러냐면서 화를 낸다.

아이들과 놀이를 할 때 대부분 엄마는 감성적이고 정적이 부분이 많고, 공감도 많이 한다. 아빠들은 동적이고 논리적인 부분을 많이 자극한다. 또 경쟁과 협동 등을 키울 수 있는 신체적인 놀이를 많이 한다.

이런 성향이 아이에게는 사회성을 길러주는 역할뿐만 아니라 배려하는 것도 배우게 된다.

유엔에서 우리나라 어린이가 하고 싶은 바깥놀이 52가지를 소개했다. 신나게 달리기, 한 발 뛰기, 줄넘기, 숨바꼭질, 잎사귀로 왕관 만들기, 낙엽 밟기 등이다. 아주 쉽고 돈이 들지도 않는 것들이다. 필요한 건 아이를 사랑하는 마음과 함께 놀 수 있는 시간만 있으면 된다.

아이들은 엄마나 아빠가 자신과 함께 즐거운 시간을 보는 것, 그 자체만으로도 사랑을 받고 있다고 생각한다. 그 생각이 정서적으로나 신체적으로 좋은 영향을 준다. 아주 작지만, 큰 효과를 줄 수 있다.

부모가 아이에게 아무리 좋은 장난감이나 게임기를 사준다고 하더라도 부모가 주는 행복이나 기쁨보다는 덜 하다. 아이들은 아빠와 엄마와 함께 노는 그 시간이 행복한 시간이다. 그 어떤 것보다 부모의 사랑을 가장 좋아한다.

part 4

존재 그 자체로
특별한 자녀

존재 그 자체로 특별한 자녀

2018년 통계청에 의하면, 우리나라 인구는 5,163만 5,256명으로 세계에서 27위라고 한다. 세계 인구는 76억 3,281만 9,325명이다. 이렇게 지구에 많은 사람들이 살고 있는데, 똑같은 사람이 없다는 게 정말 신기하다. 일란성 쌍둥이도 다 다르다. '나'는 이 세상에 하나밖에 없는 "특별한 존재"다. 학교나 사회, 그리고 가정에서조차 어떤 기준에 맞춰 서열을 두지만, 서열과 관계없이 그 사람만 가지고 있는 특별한 것들이 있다. 그래서 '우리 모두는 특별한 존재다.'

아이들 중에 유독 자존감이 낮은 아이들이 있다. 이 세상에 왜 태어났는지 모르겠다고 이야기하는 아이들도 있다. 왜 이렇게 자존감이 떨어진 것일까?

A라는 어머니가 상담을 받으러 왔다. 그는 자신의 부모에게 칭찬을

받거나 인정받은 적이 없다고 한다. 공부를 잘 해도, 뭔가 좋은 일을 해도 부모님의 반응이 무덤덤해서 자신이 정말 못난 사람이라고 생각했다고 말했다. 부모에게 사랑을 받기 위해서 아무리 노력해도 사랑을 받지 못했다는 생각 때문에 자신의 생각을 이야기하는 게 두려웠다고 한다. 혹여 거절당하고 버림받을까 두려웠다고 한다.

부모님이 이야기하는 것만 따라서 행동하면 적어도 혼나지 않으니까 부모님의 눈치만 살폈다고 한다. 이런 모습은 다른 사람들과의 관계에도 영향을 줬다. 자신의 생각보다는 다른 사람들의 의견을 따르며 그 사람으로부터 내치지 않기만을 바라고 있었다.

이렇게 자존감이 낮아진 A는 자신의 아이에게 똑같이 대하고 있었다. 아이가 하는 말이나 행동에 칭찬을 하거나 반응하지 않았다. 그리고 자신이 이야기하는 것만 따르기를 원했다. 아이는 A가 어린 시절에 느꼈던 것처럼 자신의 감정을 솔직하게 표현하지 못하고 있었다. 다른 친구들에게 좋고 싫은 것을 표현하지 못했다. 친구들하고 놀 때도 자기가 좋아하는 것보다 친구들이 좋아하는 것을 따라했다. 자존감이 굉장히 낮아진 상태였다. 아이도 자신의 목소리를 냈다가 혹여 거절당하고 사랑을 받지 못할까 두려웠던 것이다. 어머니의 문제가 그대로 아이의 문제로 이어지고 있었다.

어떻게 하면, 이 아이가 자존감이 회복되고 좋고 싫은 것들을 표현할 수 있을까?

부모가 아이에게 너는 존재하는 그 자체만으로도 사랑받기에 충분하다는 것을 말해주는 것이다. 무엇인가를 이루었기 때문이 아니라 "네가 이렇게 엄마아빠 곁에 있는 것만으로도 사랑스럽고 소중하다"고 이야기해보자. 그리고 "너는 참 특별한 존재"라고 말해주자. 이렇게 한다고 해서 갑자기 아이의 자존감이 회복되지 않는다. 아이가 "나는 정말 특별한 존재"라는 것을 깨닫게 될 때까지 꾸준히 하는 것이 중요하다. 아이가 자신의 존재에 대해서 귀하고 소중하다는 것을 깨닫게 되면 자신에게도, 친구에게도 보다 당당해질 것이다.

나를 닮아가는 아이

부모는 '아이의 거울'이라는 말이 있다. 아이의 모습에서 부모의 모습이 그대로 나오기 때문이다. 우리가 흔히 '엄마 아빠처럼 살지 않을 거야' 하고 외치지만, 부모의 나이가 됐을 때 자신의 모습에서 부모의 모습을 발견하곤 한다. 그럴 때마다 깜짝 놀란다. 닮고 싶지 않지만, 우리는 부모의 모습을 보면서 자신도 모르게 닮아간다. 우리의 아이도 당연히 나의 모습을 보면서 닮아간다.

부모의 양육이 아이에게 많은 영향을 준다. 모두 공감하겠지만, 어린 시절에 부모가 나에게 했던 행동을 그대로 아이에게 한다. 많은 부모가 아이를 잘 키우고 싶지만 어떻게 키워야 할지 모른다고 말한다. 아빠와 엄마는 이렇게 해야 된다는 부모 '공부'를 하지 않았기 때문에 대부분 자신의 '경험'대로 아이를 키운다. 나의 부모가 나를 키웠던 방법대로.

어떤 분과 상담을 했는데, 아빠는 일찍 돌아가시고 엄마의 사랑을 받지 못한 어린 시절을 보낸 분이셨다. 특히 엄마에게 '아빠 없이 자라서 그렇다'는 소리를 듣지 않도록 행동하라는 주의를 많이 들으면서 자랐다. 엄마는 먹고사는 것 때문에 마음에 여유가 없었고, 늘 걱정과 불안 속에 지냈다고 한다. 이 아이는 엄마뿐만 아니라 주변에 있는 사람들에게 버림받지 않기 위해서 싫은 내색을 하지 않고 다른 사람들의 비위를 맞추면서 살았다. 이런 행동은 사람들에게 칭찬을 받았고, 사회에 나가서 다른 어떤 사람들보다 잘 적응하면서 살았다. 적어도 겉으로 보기에는 그랬다는 것이다. 그런데 시간이 지나면서 사람들과의 관계에서 힘든 것들이 나타났다. 잘 지내는 것 같았지만, '사랑을 받지 못하면 어떻게 하나' 하는 걱정 때문에 늘 불안한 삶을 살았다. 부모의 영향으로 내향적이고 자존감이 낮은 상태로 성장해서 다른 사람들과의 관계에서 그대로 나타난 것이다.

그분은 살아남기 위해서 상대방과의 관계가 틀어지면 안 된다는 생각하고, 상대방이 어떤 말과 행동을 해도 다 참고 나만 잘 하면 된다고 생각했다고 말했다. 특히 그 상대방이 나보다 더 높은 지위에 있는 사람이라면 더 그랬다고 한다. 자신의 생사를 쥐고 있다고 생각하면 두려움이 커지면서 버림받지 않을까 하는 생각이 머릿속에 가득했다고 한다.

그런데 부모가 되고 딸을 키우면서 자신이 딸에게 자신의 엄마와 똑같은 행동을 하고 있다는 것을 깨달았다. 자신이 다른 사람의 생사를 쥐고 있는 권력자가 됐을 때 자신이 경험했던 권력자처럼 똑같이 행동한다는 것이다. 이 사실을 깨닫고 딸을 보니 어린 시절 자신의 모습이 그대로 아이에게 있는 것을 보고 더 놀랐다고 한다. 나는 절대 부모님처럼 하지 않을 거라고 말하지만, 자녀 양육을 부모에게서만 배웠기 때문에 아이에게 '똑같이' 하는 것이다.

이런 모습을 깨닫고 자책도 하고, 그러지 말아야지 후회하지만 이런 패턴이 계속 반복된다. 어떻게 하면, 이런 모습들에서 벗어나서 행복한 가정을 세워갈 수 있을까?

부모가 자녀를 양육하기 위해서는 부모가 되기 위한 '교육'이 필요하다. 지금 우리는 부모가 되기 위해서 공부하지 않는다. 결혼을 해서 아이가 생기고, 아이가 태어나면 그냥 엄마 아빠가 된다. 요즘 다양한 부모교육 프로그램과 책들이 나와 있어서 마음만 있다면 부모 교육을 받을 수 있다. 부모교육을 통해서 부모의 상처와 아픔을 먼저 발견하고 그것을 치유하는 것이 중요하다. 그 상처가 해결되지 않으면, 나의 아이에게 그대로 전달된다. 부모의 모습을 보고 자란 아이가 또 부모가 되어 아이에게 똑같이 행동을 한다. 어린 시절, 내가 부모에게 느꼈던 그 감정을 지금 나의 아이가 그대로 느끼고 있는 경우가 많다. 아이는 나를 닮아간다.

작심삼일(作心三日) 33번

'세 살 버릇 여든까지 간다'는 말이 있다. 아주 어릴 때 길들여진 습관이 평생 간다는 말이다. 옛부터 이 말이 전해진 이유는 어릴 때부터 좋은 습관을 들여야 한다는 의미다. 습관은 여러 번 되풀이하면서 몸에 밴 행동을 말한다. 몸에 밴 습관은 그와 비슷한 상황이 되면 자동적으로 발생하기 때문에 한 번 자리를 잡게 되면 좀처럼 바꾸기 어렵다. 우리가 인식하지 못하지만 행동뿐만 아니라 생각도 습관이 된다. 아주 어릴 때 밴 생각과 행동의 습관이 무엇으로 자리를 잡았느냐에 따라 그의 삶이 달라진다. 습관은 우리 삶에 큰 영향을 준다.

자녀를 양육하는 것도 습관이 있다. 우리에게 자연스럽게 나오는 말과 행동, 그리고 양육에 대한 생각이 아이에게 긍정적인 영향을 주기도 하고, 부정적인 영향을 주기도 한다. 긍정적인 영향을 주는 습관을 굳이 바꿀 필요가 없겠지만, 부정적인 영향은 부모뿐만 아니라 아이의 삶에 평생 올무가 될 수도 있다.

부모가 부정적인 습관을 인지하지 못하고 습관을 바꾸지 않으면 아이는 성장하면서 계속 부정적인 영향을 받게 된다. 상담치료를 운영하는 한 대표가 이런 말을 했다. "부모가 자녀 때문에 상담을 받으러 왔다가 자신이 상담을 받는다." 아이가 아닌 부모의 문제인 경우가 많다고 한다. 아이의 부정적인 모습의 근원을 찾아가다보면, 부모의 습관을 그대로 물려받은 경우가 많다. 그래서 부모가 아이에게 부정적인 영향을 주는 양육의 습관을 좋은 방향으로 바꾸면 자연스럽게 아이도 변한다.

일반적으로 습관을 바꾸려면 100일 정도는 신경을 써야 한다고 한다. 우리 뇌는 굉장히 게으르다. 뇌가 활동하기 위해서는 많은 에너지가 필요해서 뇌는 가능하면 큰 에너지 소비 없이 편하게 생활하길 원한다. 그래서 여러 번 반복되는 것은 무의식적으로 행동할 수 있도록 패턴을 만든다. 그게 바로 습관이다. 행동이나 생각 등이 습관이 되면 뇌가 에너지를 사용하지 않아도 우리 몸이 알아서 그대로 생각하고 행동한다. 뇌의 입장에서는 그것이 좋은 것이든 나쁜 것이든 상관없다. 에너지 활동만 최소화하면 그것으로 만족한다.

나쁜 습관을 고치기 위해서 패턴을 바꾸려면, 뇌가 왜 귀찮게 바꾸느냐면서 그냥 하던 대로 하라고 한다. 작심삼일(作心三日)이라는 사자성어도 뇌의 이런 성향 때문에 생긴 것이다. 뇌의 게으름과 의지가 격돌하는 기간이 100일이다. 많은 사람들이 뇌의 게으름에 의지가 진다. 그래서 끈기를 가지고 지속적으로 노력한 사람들을 대단하게 생각한다. 힘들지만 100일 정도 의지를 가지고 지속적으로 뇌를 귀찮게 하면, 뇌는 "알았어. 내가 그렇게 바꿔줄게." 말하고 새로운 행동을 습관으로 자리 잡는다. 뇌 입장에서는 장기간 의지와 싸우는 것이 에너지 소비가 크기 때문에 단기간 많은 에너지를 사용해서 새로운 패턴을 습관으로 자리 잡는다. 그렇게 다시 습관이 되면 뇌의 에너지 소모는 줄게 된다.

습관을 고치기 위해서 100일 동안 고치겠다는 마음을 가져도 습관을 고치는 사람은 그리 많지 않다. 생각처럼 뇌의 게으름을 이기기 힘들기 때문이다. 나쁜 습관을 고치기 위해서 먼저 3일을 해보고, 뇌가 '이제 힘들다', '그만 하자' 하는 말을 할 때 "그래, 내일부터 새롭게 시작하자"는 결심을 하는 것이다. 이렇게 작심삼일을 33번하면 100일 된다. 또 습관을 고치기 위해서 혼자가 아니라 부부가 함께한다면 성공할 확률이 높을 것이다.

자신도 모르게 삶에 자리를 잡은 습관은 바꾸기가 참 어렵다. 하지만 언제든지 바꿀 수 있는 것이 습관이기도 하다. 부모의 좋은 습관 때문에 아이들이 자라면서 긍정적인 영향을 받는다면 아이들이 많은 행복들을 누리면 살 것이다.

아~ 그랬구나!

　

국어사전을 보면, 공감을 이렇게 말한다. "다른 사람의 감정, 의견, 주장 등에 대해서 자기도 그렇다고 느끼는 감정."

삶이 힘들어서 더 이상 버틸 수 없다고 생각하는 순간, 나를 공감해 주는 사람이 있는 사람은 절대 삶을 포기하지 않는다고 한다. 하지만, 이 세상에 내 편은 하나도 없고 혼자라는 생각을 하는 순간, 쉽게 삶을 포기하고 인생을 포기한다고 한다. 그만큼 우리의 삶에서 '공감'은 중요하다.

여러분은 가족들과 얼마나 공감하면서 살고 있는가?

어느 날 어떤 분이 저를 찾아와서 왜 딸이 자기를 힘들게 하는지 모르겠다고 말했다. 그분의 이야기는 이렇다. 유치원에 다니는 딸이 유치원에서 선생님과 친구들의 사랑을 많이 받는다고 한다. 어떤 아이보다 바르게 행동하고, 선생님의 말씀을 잘 듣는다. 늘 친구들을 배려하고 양보해서 딸을 싫어하는 아이가 없다. 유치원에 아이를 데리러 갈 때마다 선생님의 칭찬이 끊이지 않는다. 그런데 딸이 유치원을 나오면 엄마에게는 전혀 다른 모습을 보인다. 엄마 말은 듣지 않고 모두 다 해달라고 한다. 유치원에서는 혼자서 뭐든지 잘 하면서 왜 엄마에게만 그렇게 하는지 모르겠다고 했다.

아이의 전혀 다른 행동에 엄마는 너무 힘들다면서 찾아왔다. 내 아이가 이렇게 한다면, 여러분은 어떨까? 아마 이 상황만 놓고 보면 모두이 엄마의 상황에 공감할 것이다. 엄마와 이런저런 이야기를 나누면서 아이가 지금 어떤 상황인지 알게 됐다. 앞에서도 이야기했듯이 부모의 행동은 아이에게 큰 영향을 준다. 아이가 그렇게 행동하는 것은 부모의 말과 행동 때문이었다. 그래서 내가 물었다. "아이가 왜 그렇게 다르게 행동할까요?" 엄마는 "제가 그걸 알면 지금 선생님을 찾아왔겠어요? 몰라요. 왜 저한테 그러는지 모르겠어요." 하고 대답했다.

아이는 유치원에서 힘들었다고 엄마한테 온몸으로 이야기하고 있는데, 엄마가 '전혀' 알아주지 않아서 자기방식대로 표현하고 있었다. 엄마의 이야기를 더 깊이 들어보니 딸은 엄마의 엄격함 때문에 사랑에 대한 갈급함이 있었다. 엄마는 아이가 다른 사람에게 피해를 주지 않는 것을 지나칠 정도로 어릴 때부터 교육했다. 다른 사람들에게 사랑을 받기 위한 엄마만의 철학이었다.

아이는 엄마의 말과 행동에 다른 사람들로부터 버림받지 않기 위해서, 사랑받고 인정받기 위해서 무단이 노력했다. 유치원에서 선생님하고 아이들에게 신경을 너무 썼다가 유치원을 나오는 순간 엄마를 보고 긴장을 풀어버리고 참아왔던 응석을 부리고 있었던 것이다. 그때 딸을 꼭 안아주면서 "우리 딸, 유치원 생활을 잘 해줘서 고마워." "얼마나 힘들었어?" "네 마음을 다 알아." "사랑해." 이런 말을 해준다면 딸은 엄마가 자신의 마음을 알아주고 이해해준다고 생각하고 지금처럼 하지 않을 것이라고 말했다.

엄마는 나의 이야기를 듣고 깜짝 놀랐다. 딸이 그런 감정을 가지고 있었는지 생각해 본 적이 없다고 했다. 자신의 힘든 감정만 중요했지 딸의 감정은 전혀 생각하지 못했다고. 한 달 뒤에 다시 만난 아이 엄마는 딸하고 사이가 아주 좋아졌다고 했다.

사람이 이성적으로 판단하고 행동하는 것 같지만, 많은 부분 이성보다 감정이 앞서는 행동을 한다. 물건을 하나를 살 때도 물건의 품질과 가격이 합리적이더라도 가게 주인이 불친절하여 감정이 상하면 그냥 돌아서 나온다. 그런데 살까 말까 망설이다가도 나의 마음을 공감해

주는 것을 느끼면 마음이 동하여 어느새 물건을 손에 들고 나오는 경우가 있다. 이렇게 자신의 감정, 의견, 주장 등에 대해서 공감을 해주는 사람에게 우리는 마음을 열게 된다.

아이들도 부모가 자신의 감정, 의견, 주장 등에 대해서 공감을 해주어야 마음을 연다. 이런 공감이 어릴 때부터 계속 이어지면, 사춘기가 되더라도 부딪힘이 있지만 대화의 단절은 일어나지 않는다. 사춘기 아이들이 부모와 대화를 단절하게 되는 것은 어쩌면 어린 시절 조금은 서투른 방법으로 전하려 했던 자신의 생각이나 감정이 번번이 거절당해 왔던 부정적인 경험들이 쌓여서 정서적 유대 관계가 끊어져 버린 것인지도 모른다. 어차피 남에게 보이거나 겉으로 드러나는 모습이 아닌 아이의 마음이나 감정 같은 건 부모에게 별로 중요하지 않을 것이라는 생각을 하기 때문이다.

자녀의 감정을 공감하기 위한 방법 중 하나는 부모가 자녀를 얼마나 사랑하고 있는지 기회가 될 때마다 표현하는 것이다. 표현하지 않으면 아이는 부모의 관심과 사랑, 그리고 공감에 대해서 알지 못한다. 행복한 가정에서 서로를 향한 사랑과 공감이 가득하다.

부모에게 가장 어려운 손님

명절은 해마다 일정하게 지키어 즐기거나 기념하는 때로 오랜 관습에 따라 이루어진 날이다. 옛날에는 계절에 따라 좋은 날을 택해서 여러 가지 행사를 거행했는데, 이것이 시간의 흐르면서 명절이 되었다. 먹고 사는 것이 힘들었던 시대에는 명절만큼은 풍성하게 지내자는 생각 때문에 그 어느 때보다 먹을 것이 풍족했다.

효를 중시했던 우리나라는 풍성한 명절에 어른들에게 인사를 드리는 것을 미덕으로 생각했다. 그래서 명절은 남녀노소에게 즐거운 날이었던 것 같다. 이렇게 명절은 대대손손 가족들이 모여 좋은 시간을 보내고 추억을 기억하는 시간인데, 요즘은 명절이면 사건사고가 끊이지 않는다.

언론을 통해서 그 내막을 들여다보면, 이런 사건사고들의 대부분이

가족 내 관계의 갈등에서 비롯된 것을 알 수 있다. 명절이 되면 기분 좋게 술 한 잔씩 주고받으며 이런 얘기 저런 얘기가 오가다보면, 그동안 마음에 쌓여있던 것들이 폭발하는 경우가 많다. 또 어른들은 관심이라고 표현하지만 자녀들이나 젊은 세대의 마음을 상하게 하는 말도 한다. 명절은 사랑과 행복이 가득한 날인데, 좋은 날이 도리어 부담이 되거나 껄끄러운 날이 되기도 한다. 오죽하면, 명절이 없어져야 한다고 말하는 사람들도 있다.

가장 가까운 가족임에도 이러한 관계의 갈등이 생기는 이유는 무엇일까?

여러 가지 이유가 있겠지만, 가장 큰 이유는 자신의 기준에서만 생각하고 상대방에 대한 배려가 없기 때문이다. 배려(配慮)는 다른 사람을 도와주거나 나눠 주려고 생각하는 것이다. 배려하는 사람에게 마음이 열리는 것은 나를 향한 상대방의 마음이 나에게 전달되기 때문이다. 이런 이유 때문에 사람들은 자기가 속한 단체나 그룹에서 말이나 행동을 할 때 상대방의 입장을 생각하고 배려하려고 노력한다.

그런데 유독 가족에게는 최소한의 예의도 배려도 없는 폭언을 하거나 함부로 대한다. 가장 가까운 가족에게, 특히 자녀에게 지나칠 정도로 함부로 한다. 자녀가 어린 아이든지 청소년이든지 젊은이든지 상관이 없다. 심지어 자녀가 오육십 세가 넘었다고 하더라도 예외가 되지 않는다. 왜 그럴까? 그 이유는 부모가 자녀를 다른 인격체로 생각하지 않기 때문이다. 자신의 분신이나 소유물로 생각하기 때문에 부모 마음대로 해도 된다고 생각한다.

엄연히 부모와 자녀는 다른 인격체임에도 그 다름을 인지하지 못하는 부모가 많다. 부모와 자녀가 갈등이 있는 경우에 많은 부모들이 "내가 부모인데, 내 자식한테 그 정도 말도 못해? 다 저 잘되라고 하는 소리지." 라고 이야기한다. 자녀의 모든 것을 간섭하고 부모의 통제권 안에 두려고 한다.

자녀가 어릴 때는 어느 정도 간섭과 통제도 필요하다. 하지만 부모의 역할은 자녀가 성인이 되기까지 온전하게 자랄 수 있도록 보호하고 양육하는 것이다. 한 인격체로서 자신의 삶을 살아가도록 스스로 결정하고 책임을 지는 어른이 되도록 돕는 것이다. 그런데 자녀를 자신의 소유물로 생각하는 부모는 자녀의 모든 결정을 자신이 쥐고 간섭하려고 한다. 로봇처럼 부모가 입력하면 자녀는 그 입력한 대로 생각하고 움직여야 한다고 생각한다.

어릴 때는 부모에 비해 자녀가 지극히 약자이기 때문에 관계의 불평등이 있더라도 어쩔 수 없이 따라간다. 힘이 없는 나라가 불평등하다고 생각하면서도 강대국의 요구를 받아들일 수밖에 없는 '불평등 조약'처럼 말이다. 하지만 자녀가 청소년이 되면, (아이들마다 그 차이들이 있다.) 부모를 상대로 조금씩 자신의 목소리를 낸다. 부모에게 이제는 자신도 다른 인격체라는 것을 알리는 것이다. 그 시기에 부모가 계속 자녀에 대한 소유권(?)을 주장하면서 자녀와 대립하면 자녀는 부모와의 관계를 불편하게 여기고 거리를 두거나 강력한 반항과 투쟁으로 부모를 이기려고 한다. 그렇게 해야 자녀도 살아갈 수 있기 때문이다. 부모는 자신의 통제권에서 벗어나려는 자녀를 붙잡기 위해서 더 강력하게 대응하겠지만 그럴수록 그 관계는 멀어진다.

이런 관계가 성인이 될 때까지 해소되지 않아서 어느 날 걷잡을 수 없는 상황까지 벌어지게 된다. 세월이 흐른 뒤 자녀들이 성장하고 또 새로운 가정을 이루게 되었을 때가 와도 우리 가정에 행복의 꽃이 피어있기를 원한다면, 자녀의 입장에서 생각하고 배려하자. 자녀는 어쩌면 부모에게 가장 어려운 손님일지도 모른다.

아이들은 수다쟁이

"엄~~~"

"마~~~"

아이가 처음 말을 했을 때, 그 기쁨과 행복을 무슨 말로 표현할 수 있을까? 아이들은 옹알이를 한다. 네이버 지식백과에 보면, 옹알이는 구체적인 단어를 말하기 이전에 내는 소리로, 되풀이하여 내는 혼잣소리라고 한다. 부모는 아이의 옹알이를 듣고, 아이가 말을 했다고 야단법석이다. 아무리 봐도 '옹알옹알' 거리고 있는데, 말했다고 한다. 아이가 말을 한다는 자체가 신기하기도 하고, 기쁘다.

부모가 아이와 의사소통을 할 수 있다는 기대감이 고조된다. 특히 자신을 부르는 소리를 듣게 되면, 이 세상 어떤 것으로도 채울 수 없는 행복감이 밀려온다. 아이가 말할 시기인 돌 무렵이 되면, 엄마 아빠는 물론 할머니 할아버지도, 이모 삼촌도 아이에게 자신을 불러보라고 아우성이다. 아이가 있는 집에서 흔히 볼 수 있는 장면이다.

아이의 어휘가 폭발적으로 늘어나는 시기엔 하루가 다르게 아이의 말이 늘어난다. 이것저것 궁금한 것도 많고, 요구하는 것도 많다. 엄마와 아빠에게 자신의 생각을 전달하는 것에 신이 난다. 하루가 다르게 말이 많아지고 야무지게 자신의 생각을 이야기하는 모습에 부모는 함박웃음을 짓는다. 갓난아이가 이렇게 커서 자신의 생각을 이야기하는 것을 너무나 대견스럽게 생각한다. 부모가 아이의 말에 귀를 기울일수록 아이는 자신감을 가지고 수다스러워진다. 그 정도가 심해서 정신이 혼미할 정도로 이야기하는 경우도 있다.

아이들은 수다쟁이다. 어린이집, 유치원, 학교, 학원, 놀이터에서 있었던 일을 끊임없이 이야기한다. 새로 알게 된 사실, 기분이 좋았던 일, 안 좋았던 일, 친구들과의 관계, 선생님과의 관계 등 중요한 것부터 시시콜콜한 이야기까지 쉴 새 없이 늘어놓는다. 가족끼리 부산 여행을 간 적이 있다. 다들 먹는 것을 좋아하기 때문에 우리 가족은 여행길에 가능하면 휴게소에서 많이 쉰다. 그러다 보니 서울에게 부산까지 약 5시간 30분 정도 걸린다. 왕복 11시간 정도를 차 안에서 보낸다. 그 시간 동안 두 아이는 잠시도 쉬지 않고 떠든다. 좁은 공간에서 11시간 동안 어떻게 떠들 수 있는지 신기할 정도다. 둘이 죽이 척척 맞아 서로 낄낄

거리며 웃다가 이내 언제 그랬냐는 듯 다툰다. 그 소리를 듣고 있는 우리 부부는 실로 엄청난 인내심이 필요하다.

대체로 많은 부모들이 자녀가 초등학교에 입학하고 고학년으로 올라가면 자녀가 이야기하는 모습을 보고 신비하다고 생각하지 않는다. 오히려 자녀가 말이 많으면 쓸데없는 말하지 말고 공부나 열심히 하라고 하는 경우도 있다. 아이들은 부모와 수다를 떨고 싶은데, 부모가 차단하는 경우가 많다. 부모에게도 이유가 있다. 아이들만큼 열정적이지 못하며, 체력적으로도 열세. 많은 이야기를 들어주고 싶고, 들려주고 싶은 마음과 달리 아이들과의 대화는 점점 우선순위에서 밀릴 때가 많다. 이런 시간들이 반복되면, 아이들은 서서히 부모 앞에서 입을 다물게 된다. 부모와 자녀의 대화가 줄어든 만큼 의사소통이 이루어지지 않는다. 자녀가 무슨 생각을 하고 있는지, 친구들과 어떻게 지내고 있는지, 학교에서는 무슨 문제가 없는지 자세히 알 수 없다. 그리고 사춘기가 되면, 자녀들이 말이 없다고 투덜거린다.

자녀는 뭔가 고민이 있더라도 부모에게 말하지 않는다. 여성가족부 조사에 따르면, 청소년이 고민이 생겼을 때 엄마와 대화하는 비율은 약 30%다. 아빠는 불과 1%가 채 안 된다. 약 50%는 친구에게 털어놓는다고 했다. 이 조사를 보면, 그나마 자녀가 엄마와 대화를 하는데, 아빠와는 거의 대화가 없다는 현실을 반영한다. 핏줄로 맺어진 가족이지만, 대화가 없어지면 그저 한 공간에 머물고 있는 남남의 삶을 살게 된다. 부모도 자녀에 대해서 잘 모르고, 자녀도 부모에 대해서 잘 모르는 이상한 관계가 된다.

자녀와 수다를 떨면서 놀면 좋겠다. 지금 자녀와 수다를 잘 떨고 있다면, 그 수다의 시간을 줄이지 않았으면 좋겠다. 만약 자녀와 수다를 나눌 시간이 짧거나 없다면, 조금씩 그 시간을 늘려보면 어떨까?

아이는 부모와 노는 걸 좋아해요

국어사전을 보면, 놀이는 신체적이고 정신적인 활동 중에서 식사, 수면, 호흡, 배설 등 생존과 직접적인 관계되는 활동을 제외하고 '일'과 대립하는 개념을 가진 활동이라고 말한다.

또 백과사전(두산백과)을 보면, '일'은 어떤 목적 달성을 위한 수단이기 때문에 고통이 따르기도 하고 강제성이 있지만, 놀이는 활동 자체가 즐거움을 준다고 한다. 즉, 놀이는 강제성이 없이 자발적으로 행해지는 것이다. 아이들의 활동에는 일과 놀이의 구분이 없으며, 아이들에게는 놀이가 곧 일이다.

필자가 어릴 때만 하더라도 놀이라고 하면 동네 공터에서 모여 흙, 돌, 나무, 종이를 이용한 놀이를 했다. 손에 놀 도구가 없더라도 주변 환경에서 구할 수 있는 것으로 마음껏 놀았다. 학교를 다녀온 후에 책

가방을 방구석에 던지고 해가 질 때까지, 엄마가 밥 먹으라고 부르실 때까지 친구들과 놀았다.

하지만, 요즘 우리 아이들은 놀이가 절대적으로 부족하다. 놀이도 틀이 정해진 것을 하는 경우들이 많다. 가끔 놀이터에서 노는 아이들도 주변 환경을 이용한 놀이보다는 장난감이나 미디어 기기를 가지고 와서 노는 경우들이 많다.

요즘 부모들이 많이 바빠서 아이들에게 장난감을 많이 사주지만, 그것보다는 아이와 함께 노는 부모가 더 좋다. 요즘 부모들은 돈을 쓸 뿐 함께 놀 방법을 모르는 경우가 많다. 아이의 놀이에 필요한 것은 돈이 아니라 부모의 참여다.

경제적으로 아이들에게 뭔가를 주는 것보다는 부모가 함께 놀아주는 것이 아이에게는 정서적인 면이나 지적으로도 좋은 영향을 준다. 겉으로 볼 때, 아이들이 부모와 노는 것보다 장난감을 더 좋아하는 것 같다. 하지만 부모가 아이와 함께 놀아주는 것이 아이가 느끼는 행복감이 더 크다.

부모가 아이들과 함께 놀아줄 때 아이에게 끼치는 긍정적인 영향이 참 많다. 아이들에게 장난감을 사주는 것보다 아이들이 창작해서 뭔가

할 수 있도록 하는 것이 좋다. 아무 것도 없는 곳에서 놀 수 있는 아이들은 어디서든지 잘 논다. 하지만 뭔가 갖춰진 곳에서만 노는 아이들은 그것이 없으면 어떻게 놀지 모른다. 요즘 아이들이 스마트폰이 없으면 어떻게 놀지 모르는 것처럼 말이다.

아이들이 어렸을 때 장난감을 많이 사주지 않았다. 할머니, 고모, 이모가 아이들에게 장난감을 사줬지만, 될 수 있으면 아이들이 가지고 놀 것을 직접 신문이나 종이로 만들 수 있도록 했다. 아이들이 만든 것들은 완성도에 상관없이 잘 가지고 놀았다. 아이들은 기발한 아이디어로 집이나 로봇도 만들고, 자동차도 만들었다. 이렇게 아이들이 뭔가를 만드는 것은 아이들에게 상상력이나 창의력을 키워준다. 부모가 함께 아이들과 장난감을 만든다면 부모에 대한 믿음과 신뢰도 생긴다.

아이와 함께 장난감을 만드는 것을 어려워할 필요가 없다. 종이상자, 신문지, 재활용품 등이 있으면 된다. 아이에게 위험한 것들은 부모가 해주고 아이가 만들 수 있도록 지켜보면 된다. 아이가 하는 것이 미덥지 않아서 부모가 관여하면 안 된다. "아빠가 필요한 것이 있으면 얼마든지 부탁해" 말하고 아이가 직접 할 수 있도록 해야 한다. 모양이 이상해도 괜찮다. 아이가 만드는 과정을 보면서 칭찬하고 격려하면 된다. 처음에는 서툴 수 있지만, 이런 시간을 많이 가지면 나름대로 노하우가 쌓인다.

뇌는 사고하고 손은 계속 자극이 되기 때문에 신체가 활발하게 활동한다. 이런 활동은 아이의 성장에 있어서 좋은 영향들을 준다. 이 세상에 부모의 사랑보다 더 아름다운 것은 없다. 자녀를 사랑하는 부모의 마음은 이 세상에 그 어떤 것으로 바꿀 수 없다. 이런 마음을 가지고 있다면, 아이들과 함께 노는 것은 그리 어려운 일이 아니다. 아이에게 가장 소중한 것은 부모와 함께하는 시간이다. 함께하신 시간에 아이와 함께 장난감을 만들어서 놀이를 한다면, 아이는 그 시간을 마음 깊은 곳에 아름다운 추억을 쌓을 것이다. 오늘 우리 아이들과 신나는 놀이를 해보는 것은 어떨까?

헬리콥터 맘, 언제까지!

헬리콥터와 엄마를 뜻하는 '맘'을 합성해서 만든 헬리콥터 맘은 자녀의 일에 지나치게 간섭하며 자녀를 과잉보호하는 엄마를 가리키는 말이다. 마치 헬리콥터처럼 자녀 주변을 빙빙 돌며 자녀를 과잉보호하기 때문에 생긴 말로, 1990년경에 나온 말이다. 이들은 자녀가 성인이 되어서까지 일일이 챙기며 통제하고 간섭한다. 초등학교 때는 학교에 수시로 연락하며 학교 일과 숙제는 물론 교우관계까지 챙기고, 중·고등학교 때는 학교성적과 입시문제, 대학에서는 수강신청과 학점 문제에도 관여한다. 대학을 졸업 후에도 취업을 알아봐 주고, 결혼상대자를 알아보는 일까지 적극적으로 나서기도 한다. 심지어 결혼생활까지 모두 관여한다.

2018년 11월부터 2019년 2월까지 JTBC에서 방영한 〈스카이캐슬〉은 원하는 대학을 가기 위해서 때로는 수단과 방법을 가리지 않고 사는 사람들의 이야기가 전해졌다. 좋은 대학을 가야 사회에서 대접을 받고 흔히 잘 살 수 있다고 생각한다. 실제 우리의 삶이 그렇기도 하다. 부모 입장에서는 좋은 대학을 보내기 위해서 아주 어렸을 때부터 조기교육을 시작한다. 교육은 아이의 발달단계에 맞춰서 신체적, 심리적, 인지적 능력을 향상시키는 것이다. 하지만 조기교육은 아이가 해결할 수 있는 범위를 넘어서까지 요구하기 때문에 뇌에 과부하가 생긴다. 이때 아이는 스트레스를 받게 된다. '스트레스'는 인간이 심리적 혹은 신체적으로 감당하기 어려운 상황에 처했을 때 느끼는 불안과 위협의 감정을 말한다. 아이는 스트레스를 여러 방향으로 해소한다. 해소방법이 긍정적인 방향으로 되면 좋겠지만, 많은 경우 부정적인 방향으로 흘러간다. 그리고 그 시기에 이루어야 할 것들을 충분히 숙지하지 못한 상태에서 고급 정보를 받아들이기 때문에 사람이 갖추어야 할 기본적인 것들을 놓치고 불안전한 성장을 할 수 있다.

소년 하나가 쪼그리고 앉아 무언가를 뚫어지게 바라보고 있었다. 고치를 만든 지 얼마 되지 않아 바깥으로 나오려고 안간힘을 쓰는 두 마리의 나비였다. 소년은 안쓰러운 마음에 고치 하나를 칼로 조금 찢어주었다. 그러자 그 고치에 있던 나비는 쉽게 그 고치를 벗어났다. 나비가 날개를 펴 하늘을 나는가 싶더니 소년의 눈앞에서 맥없이 툭 떨어져 죽었다. 소년은 깜짝 놀랐다. 그러는 사이에 다른 고치에서도 나비가 고치를 빠져나오려고 애를 쓰고 있었다. 필사적으로 바둥거리던 나비는 조금 뒤에 스스로 고치를 빠져나와 몇 번 날개를 퍼덕이더니 이윽고 훨훨 날아올랐다. 고치를 벗어나려고 애쓰며 스스로 날 수 있는 힘을 길러야 하는데, 소년의 도움으로 오히려 그 힘을 기르지 못한 것이다.

우리 아이들에게 모든 것을 해주는 것보다 스스로 할 수 있는 힘을 길러주는 것이 중요하다.

아이들에게 정말 중요한 것은 무엇일까? 부모는 아이들의 삶을 결정하는 것이 자리가 아니다. 아이가 스스로 자신의 삶을 결정할 수 있도록 가장 가까운 곳에서 돕는 자리가 부모이다. 지금 상황에서 사회적 구조를 바꾸기 힘들지만, 우리 아이들이 성인 되어 있을 때 그들의 삶을 누릴 수 있도록 꿈과 희망을 심어주면 어떨까?

줄탁동기

'줄탁동기'라는 말이 있다. 병아리가 알에서 나오기 위해서는 새끼와 어미닭이 안팎에서 서로 쪼아야 한다는 뜻이다. 아이가 이 세상을 헤쳐 나가기 위해서는 부모와 자녀가 함께 해야 된다. 부모의 일방적인 간섭과 보호는 자녀의 힘을 기르지 못하고, 부모의 방임으로 아이들에게 모든 것을 맡기면 두꺼운 세상을 깨고 나갈 힘이 모자라서 좌절하고 낙담할 수 있기 때문이다. 행복한 가정을 만드는 것도 줄탁동기처럼 부모와 자녀가 함께 노력해야 한다.

어떤 양육 전문가가 말하기를, 부모가 아이를 키우는 데 세 가지가 필요하다고 한다. 첫 번째가 기다리는 것이다. 두 번째는 참고 기다리는 것, 그리고 마지막 세 번째는 끝까지 기다리는 것이다. 아이가 할 수 있을 때까지 기다려주고, 부모의 도움이 필요한 시기에 딱(!) 알맞은 도움을 주면 된다. 결국 양육은 아이가 스스로 할 수 있을 때까지 부모가 참고 기다리는 것이다. 양육 전문가가 이렇게 이야기한 것이 아주 간단하지만 힘든 일이다.

부모는 아이의 시기를 겪었기 때문에, 아이 앞에 펼쳐질 세상이 보인다. 그때 '내가 그렇게 했더라면 지금의 나보다 더 나은 생활을 할 수 있었을 텐데'라는 부모의 생각이 조기교육을 선동하기도 한다. 실제 조기교육으로 성적이 오르기도 하다. 그래서 아이에게 이것저것 이야기한다. 여건이 되면, 아니 여건이 되지 않아도 조기교육을 시키려고 한다. 그렇게 해서 다른 아이보다 더 앞서 나아간다고 생각한다. 하지만 아이는 뻔히 보이는 앞날을 보지 못한다. 지금 참고 조금만 열심히 하면 핑크빛 세상이 펼쳐질 것을 아이는 왜 모르는지, 부모는 그런 아이의 모습에 답답해한다. 설상가상으로, 아이가 자신의 의견을 이야기하면 부모는 자신을 향한 반항이라고 생각한다. 아이들이 반항하는 것이 아니라 정말 아이들의 눈에 보이지 않아 자신의 의견을 말하는 경우가 많다. 하지만 부모 입장에서는 아이가 말도 안 되는 이야기를 하기 때문에 반항으로 받아들일 수밖에 없다. 안타까운 일이다.

부모와 자녀 사이에 이렇게 갈등이 존재한다. 그 갈등을 줄이고 함께 행복하게 살아갈 수 있다면 얼마나 좋을까?

조기교육은 부모의 마음과 다르게 아이들에게는 힘겹다. 아이는 자신의 의지와 상관없이 부모에 의해서 강요가 되기 때문에 스트레스를 받는다. 자신의 삶이지만, 부모에 의해서 세워지기 때문에 스스로 할 수 있는 힘도 점점 잃게 된다. 겉으로 볼 때, 쉽게 이 세상을 살아가는 것 같지만 결국 세상에서 혼자 살아갈 힘이 없다. 외부의 도움으로 쉽게 고치를 헤치고 나온 나비가 얼마 되지 않아 죽은 것처럼 세상을 이길 힘을 키울 수 없다.

부모 입장에서 주변 아이들이 다 조기교육을 받는다면, 마음이 불안하고 급할 것이다. 주변에서 모두 하면 내 아이도 해야겠다는 생각이 들 수밖에 없다. 유치원이나 초등학교까지 잘 참고 견디더라도 중학교에 들어가면 부모들이 분위기에 휩싸여서 아이를 그 대열에 동참시킨다.

행복한 양육은 아이의 발달에 맞게 아이가 꼭 필요한 것을 제때 부모가 채워주는 것이다. 자신의 삶을 결정할 수 있도록 아이의 손에 '키'를 쥐어주면 어떨까?

일방통행이 아닌 상호작용이 필요하다

아이가 이 세상에 태어난 후 의지할 수 있는 존재는 바로 부모다. 아이들은 부모의 돌봄 속에 자란다. 부모가 아이의 이름을 불러주고, 사랑을 전할 때 아이는 안정 속에서 자란다.

아이가 불안을 느낄 때 부모의 체온을 느끼게 하면 불안이 해소된다. 불안의 요소가 해결되지 않더라도 자신이 의지할 수 있는 존재가 있으면 곧바로 안정감을 찾게 된다. 뭔가 문제가 생겼을 때 많은 사람들이 무의식적으로 '엄마'를 찾는 것이 이런 이유가 아닐까?

하지만 아이가 자라면서 서로의 마음을 모른 채 오해가 생기고, 그 오해가 벽을 쌓게 되고 결국 부모와 자녀가 소통하지 못하는 경우들이 생긴다. 아이들이 고학년이 되고, 사춘기가 시작되는 시기가 되면 많은 부모들이 왜 이렇게 됐을까 후회하는 경우가 종종 있다. 이런 생각은 부모뿐만 아니라 아이들도 한다.

　부모 입장에서는 자녀들이 자신의 마음을 알아주지 못하는 것을 생각하지만, 자녀 입장에서는 부모가 자신의 마음을 알아주지 못하는 것을 생각한다. 서로 자신의 마음 상태만 생각하고 상대방의 마음 상태에는 전혀 공감해주지 못하기 때문이다.

　부모가 중요하게 생각하는 것을 아이는 깊게 생각하지 않고, 자녀가 중요하게 생각하는 것을 부모는 쓸데없는 것이라고 생각한다. 특히 사춘기에 접어든 아이의 입장에서 시급한 상황임에도 부모는 그것을 중요하게 여기지 않고 뭔가 잘못한 것을 혼내고 가르치려고만 하는 경우에 부모와 자녀의 관계는 어긋나게 된다.

　그래서 많은 전문가들이 아이의 눈높이에서 아이를 바라보고 이야기하라고 한다. 부모의 시선으로 아이를 바라보면 아이의 생각이나 행동 모두 마음에 들지 않는 것들뿐이지만, 아이의 눈높이에서 보면 이해할 수 있는 것들이기 때문이다. 아이의 그 마음을 부모가 알아주는 것이 필요하다.

　지금까지 자녀 양육을 이야기할 때 이렇게 아이의 마음을 살펴야 되는 눈높이 교육을 이야기했는데, 여기에 한 가지 덧붙이고 싶다. 부모가 아이의 눈높이에 맞춰 이야기하듯 아이도 부모의 내면을 알 수 있도록 해야 한다. 부모와 자녀의 관계에서도 일방통행이 아니라 상호작용이 일어나야 한다. 부모가 일방적으로 아이의 눈높이에 맞춰주는 행위에서 끝나서는 안 된다. 아이가 자라면서 상호작용이 활발하게 일어나야 한다.

요즘 레트로(retro)가 유행이다. 특히 90년대 감성을 가득 담은 레트로는 부모에게는 옛 청춘을 생각나게 하고, 자녀에게는 부모의 젊은 시절을 보게 한다. 청소년기에 목놓아 노래했던 부모가 자녀와 같은 마음으로 노래를 부르면서 감정을 교류한다. 부모와 자녀의 멀어진 감정의 간격을 좁히는 중요한 매개체 역할을 한다. 또 요즘 온 국민이 트로트에 열광하고 있다. 노인들의 산물이라고 생각했던 트로트에 3040은 물론 10대, 20대 심지어 어린 아이들까지 부른다. 함께 공감하는 것이 있으니 트로트 안에서 세대 차이는 있을 수가 없다.

요즘 광고에서 X세대인 아빠와, Y세대인 엄마, 그리고 Z세대인 딸을 연결시키는 기술이 창작된 차를 소개한다. 세대의 연결이 사회적인 이슈이기도 하다.

90년대 감성이 가득한 레트로나 트로트의 유행은 아이가 부모 세대의 감성을 이해하고 공감한 것이다. 하나의 문화로 자리를 잡으면서 소통의 중요한 매개체 역할을 하고 있다. 이렇듯 부모와 자녀의 관계는 부모가 자녀의 마음을 헤아리듯 자녀도 부모의 마음을 살피는 것이 중요하다. 일방통행이 아닌 상호작용이 필요하다.

자녀와 공감이 필요한 이유

많은 부모가 엄격하고 힘든 기준으로 자녀를 더 안전하고 바르게 양육할 수 있다고 믿는다. 하지만 그 믿음이 때론 자녀에게 '불안'을 주기도 한다. 자녀는 항상 부모가 정한 기준을 맞추기 위해서 노력한다. 하지만 자신이 부족하다고 느낄 때 부모가 자신에게 실망하는 것을 생각하면서 불안감에 휩싸이기도 한다. 이런 현상은 자녀가 성인이 된 이후에도 동일하게 작용이 된다고 한다.

아이들이 자라면서 '불안'한 상태를 여러 가지 모습으로 나타낸다. 우는 것은 기본이고, 떼쓰기, 손톱 물어뜯기, 말을 더듬거리기, 어떤 물건에 굉장히 집착하기, 틱, 악몽을 꾸거나 잠을 못자는 경우, 짜증내기 등 다양하다.

아이마다 불안을 나타내는 것이 다르고, 또 아이가 불안해서 그러는지 아니면 일시적인 현상인지 잘 모르기 때문에 부모들이 무심코 지나갈 수 있다. 그래서 항상 아이를 관찰하고 살피는 것이 중요하다. 아이를 관찰하고 살피려면 아이와 함께하는 시간이 필요하다.

여기서 말하는 시간의 개념은 '양'이 아닌 '질'이다. 아이들과 함께하는 시간이 길다고 해서 모두 좋은 것만은 아니다. 부모와 아이의 관점이 달라서 부모 입장에서는 아이와 함께 있다고 생각하지만, 아이는 그렇게 생각하지 않을 수 있다. 아이들은 눈을 마주치고 함께 놀거나 대화를 나눌 때 함께했다고 생각한다.

아이들과 함께 있는 시간이 많은 것보다 어떻게 아이들과 그 시간을 보내느냐가 더 중요하다. 시간이 짧더라도 아이의 눈을 바라보고 대화하고, 함께 교감하고 놀아주면 아이는 충분히 부모와 함께했다고 생각한다. 하루에 30분이라도 이렇게 아이와 함께하면 2-3시간 동안 그냥 아이와 한 공간 안에 있는 부모들보다 더 깊은 공감대를 형성할 수 있다.

이렇게 어릴 때부터 부모와 함께 공감대를 형성하면서 계속 자란 아이들은 사춘기 때 비록 잦은 부딪힘이 있어도 공감대를 형성할 수 있다. 공감이라는 것이 갑자기 생기는 것이 아니기 때문에 어릴 때부터 부모가 자녀와 이 부분을 소홀히 하면 안 된다. 자녀가 아직 어릴 때는 공감대가 형성되지 않아도 부모 입장에서 그렇게 힘들지 않다. 왜냐하면 자녀가 어리기 때문에 자신의 의견을 크게 내세우지 않고, 부모의 힘이 크다고 생각하기 때문에 부모에게 맞춘다.

부모들은 아이가 자신의 말을 잘 듣고 있다고 생각하고 소통이 잘되고, 공감이 된다고 생각한다. 하지만 아이 입장에서는 소통도 되지 않고, 공감대도 형성되지 않는데 그냥 맞춰주는 것이다. 그걸 부모가 모르고 있는 경우들이 많다.

이런 부모들 대부분이 자녀가 사춘기에 들어서면서 아이와 관계가 소홀해졌다고 이야기하는데, 그때 갑자기 그렇게 된 것이 아니라 어릴 때부터 계속 이어진 것이다. 아이가 성장하면서 이제 부모와 대립해도 되겠다는 생각이 들었기 때문에 겉으로 표출한 것뿐이다. 이런 상황이 되면 부모님들이 정신을 못 차린다. 이때라도 깨닫고 공감대를 형성하면 좋은데 어떻게 해야할지 몰라서 그냥 각자의 삶을 살아가는 경우들이 많다.

사춘기의 자녀를 둔 부모가 아이와 대화를 하고 싶어도 대화를 못한다. 아이와 상호작용이 있어야 하는데, 일방통행으로 이야기를 한다. 부모는 대화라고 생각하는데, 아이는 단답형으로 말한다. "네", "아니요", "몰라요"

또 부모가 말하다가 물으면 아이는 부모가 원하는 답을 이야기한다. 아이들이 부모가 뭘 원하는 지 다 알고 있다. 묻고 답을 하지만, 아이의 진짜 마음의 이야기는 하지 않는다. 대화는 나와 상대방이 상호작용이 일어나야 한다.

자녀를 키우면서 부모가 일방적으로 해서는 안 된다. 부모가 자녀의 마음과 감정, 생각에 대해서 공감을 하는 것과 더불어 부모가 자신의 생각, 마음, 감정을 자녀에게 전달해서 아이도 부모를 공감하도록 하는 것이 중요하다. 자녀양육은 일방통행이 아니다.

아이들이 성장하면서 우리 부부는 아이들에게 우리의 생각과 마음의 상태를 잘 이야기한다. 좋은 것도 이야기하고, 나쁜 것도 이야기한다. 그러면 아이들이 잘 듣는다. 그리고 시간이 조금 흐른 뒤에 아이들이 우리에게 기분이 어떤지, 잘 해결이 됐는지 묻는다.

아이가 어떻게 지내고 있는지 그리고 아이의 마음에 공감하는 것이 부모에게 필요하다면, 아이도 부모가 어떻게 지내고 있는지 그리고 부모의 마음에 공감하는 것도 필요하다. 이렇게 서로 상호작용이 있어야 행복한 가정이 된다.

부모와 자녀의 관계를 부모의 시선이 아니라 아이의 시선에서 바라보면 부모가 얼마나 일방적으로 아이들을 대하고 있는지 알 수 있다.

오늘 부모의 시선이 아니라 아이의 시선으로 나 자신을 바라보면 어떨

까?

나의 부모와 관계는 어떤가?

자녀가 잘 되기를 바라는 마음은 어느 부모에게나 있다. 자녀가 행복하길 원하고, 할 수 있는 모든 것을 지원하는 것이 부모다. 그런데 생각하는 것과 달리 부모가 자녀에게 좋은 영향이 아니라 나쁜 영향을 주는 경우가 있다. 자녀가 잘 되기를 원하지만, 정작 부모 때문에 자녀가 올바르게 성장하지 못하게 행동하는 경우도 있다. 왜 이런 일들이 일어날까?

어떤 부모는 아이를 양육해야 하는데, 어떻게 해야 하는지 모르겠다고 한다. 산업시대에 접어들면서 부모 모두 산업현장에 뛰어 들어간 세대의 자녀들이 더욱 그렇다. 대부분의 부모는 자녀양육을 그의 부모로부터 배운다. 자라온 환경에 많은 영향을 받아 그의 자녀에게 그대로 전해지는 경우가 많다. 부모의 역할을 제대로 배우지 못해서 잘하고 싶은 마음은 있지만, 마음과 다르게 자녀에게 악영향을 주는 것이다.

세 아이를 키우는 30대 초반의 아빠는 자신이 어릴 때 부모 모두 일을 하셨기 때문에 함께 한 기억이 거의 없다고 한다. 놀이동산에 한 번 갔던 기억이 전부라고 하니 가족과 보낸 추억거리가 없었다. 나이 차이가 있는 형과 누나가 있었지만, 집에 홀로 있는 시간이 많아서 친구들과 어울리는 것을 좋아했다고 한다. 각자의 삶을 사는 가족이 싫었다고 한다. 문제는 조금 성장한 후 집에 부모가 있었지만, 함께 한 공간에 있는 것이 불편해서 최대한 밖에서 있다가 집으로 들어갔다고 했다. 부모가 자녀를 어떻게 양육해야 하는지 전혀 아는 봐가 없었다고 한다.

청년이 되고 사회생활로 바쁜 시간을 보내던 어느 날, 아버지가 자신을 위해서 기도하는 모습을 보고 큰 깨달음을 얻었다고 했다. 자신은 부모의 사랑에 갈급했는데, '아버지는 자신이 할 수 있는 방법으로 사랑을 주고 있었구나!' 하는 생각했다. 아버지의 진심을 그때 처음 발견한 것이다. 그 후에 부모에 대한 미움이 감사로 변했다고 한다. 어릴 때 아픔과 상처가 아버지의 사랑을 발견하면서 해소됐다. 그리고 자신도 자신만의 방법으로 아이들에게 사랑을 표현하고 많은 추억을, 좋은 추억을 만들려고 노력하고 있다고 말한다.

하지만 어떤 부모는 자신의 결핍을 아이에게 그대로 건네주기도 한다. 똑같이 부모로부터 아픔과 상처를 받았지만, 어떤 이는 그것을 치유해서 자녀에게 자신이 받았던 아픔과 상처를 주지 않는다. 어떤 이는 아픔과 상처가 치유되지 않고 그대로 자녀에게 전해준다.

앞에서 이야기한 아빠가 저에게 마지막에 이런 이야기를 했다. 만약 그때 아버지가 자신을 위해 기도하는 모습을 보지 못했다면, 아직도 아버지에 대한 미움이 있었을 것 같다고. 그리고 부모로부터 받았던 아픔과 상처를 그대로 아이들에게 대물림하고 있었을 것 같다고.

자녀양육에서 우리가 놓치지 말아야 할 것은 부모가 먼저 자신의 부모와의 관계가 어떤지 살펴봐야 한다. 대부분의 경우 부모가 자신의 부모와의 관계가 좋지 않으면 그것이 그대로 자녀에게 전달된다. 아무리 노력한다고 하더라도 자신의 상처와 아픔이 자녀에게 전달되기 때문에 부모와의 관계를 먼저 해결해야 한다.

부모의 상처가 치유되지 않으면, 무의식적으로 그 상처가 어떤 형태로든지 자녀에게 흘러간다. 하지만, 그 상처가 회복되면 더 이상 그 상처로 인한 부정적인 것들이 흘러가지 않는다. 부모의 상처가 회복되지 않은 상태에서 자녀들과 온전한 관계를 유지하기가 힘들다.

행복한 가정은 부모와의 회복이 필요하다. 자신의 환경을 탓하며 어쩔 수 없다고 하면 부모의 부정적인 부분이 그대로 자녀에게 흘러간다.

반대로 상처를 치유하고 회복하면 긍정적인 부분을 자녀에게 전해줄 수 있다. 나의 자녀에게 좋은 것을 심어주겠다는 마음의 결심이 필요하다. 큰 물줄기의 흐름을 바꾸기 위해서는 많은 노력이 필요하다. 물줄기가 크면 클수록 다른 곳으로 보내기가 더 힘들다. 지금 부모와의 갈등을 먼저 해소해보자.

선택권을 자녀에게

　우리나라 조선 시대에 초등 교육 기관이었던 서당이 있었다. 서당은 지금은 초등학교와 비슷했지만, 아주 작은 규모였고 마을 곳곳에 있었으며, 주로 유학에 바탕을 둔 한문 교육이 있었다. 계급사회였기 때문에 평민은 대부분 서당교육을 받지 못했고, 주로 양반을 중심으로 학문을 가르치는 곳이었다. 서당에서는 학문뿐만 아니라 생활 태도나 정신 자세까지 스승의 삶이 그대로 학생들에게 전해지는 교육이었다. 그래서 좋은 스승을 만나기 위해 천리 길을 오는 경우도 있었고, 특정한 분류에 있는 양반들은 좋은 스승을 모시고 특별 과외를 시키기도 했다.

　서양에서는 경험과 지식이 많은 사람이 스승 역할을 하여 지도와 조언으로 그 대상자의 실력과 잠재력을 향상시키는 멘토링이라는 것을 했다. 멘토링의 유래는 그리스신화에 나오는 오디세우스의 친구 멘토르(Mentor)에서 유래했다. 멘토르는 오디세우스가 트로이전쟁에 출정하여 20년이 되도록 귀향하지 않는 동안 그의 아들 텔레마코스를 돌보며 가르쳤으며, 그의 이름은 '현명하고 성실한 조언자' 또는 '스승'의 뜻을 지니게 되었다.

교육의 원래 의미는 사람이 삶을 영위하는 데 필요한 모든 행위를 가르치고 배우는 과정과 수단이다. 교육을 통해 바람직한 인간을 형성하여 개인생활과 가정생활, 그리고 사회생활에서 보다 행복하고 가치 있는 나날을 보내게 하며 나아가 사회발전을 꾀하는 작용의 목적이 있다. 교육(敎育)을 한자로 풀이를 하면, 먼저 "교(敎)"는 "가르치다"는 뜻으로 '방향을 제시하고 그곳으로 이끈다'는 뜻이다. "육(育)"은 "기르다"의 뜻으로 '올바르게 자라나게 한다'는 의미다. 쉽게 이야기하면, 교육은 인간이 내면적으로 지니고 있는 천성, 곧 타고난 소질과 성품을 보호, 육성하는 과정을 뜻한다.

그런데 지금 우리나라 교육은 좋은 대학을 가지 위한, 시험을 위한 교육에 편중되어 있는 것이 사실이다. 참 안타까운 현실이다. 우리 아이들이 이런 세상에서 살고 있다는 것이 슬프다. 아이들마다 내면적으로 지니고 있는 소질과 성품이 다 다른데, 획일적으로 모두 똑같이 가르치고 있다. 최근에 여러 교육 정책이 나오지만, 그 끝은 결국 대학입시에 도달하게 된다.

좋은 대학에 가는 이유는 좋은 회사에 가기 위해서다. 좋은 회사란 돈을 많이 벌 수 있는 곳이다. 결국 우리나라 교육은 돈을 많이 벌 수 있기 위한 수단이 되었다. 지금 이 시대의 사람들 대부분은 돈을 중심으로 사회가 돌아간다고 생각하기 때문이다. 사회의 서열이 거기에서 생기기도 한다.

교육열이 높은 우리나라는 지금 고학력 실업자가 많아졌다. 박사학위가 있는 사람도 일자리를 구하지 못한 경우도 상당히 많다. 그런데 내 자녀는 그런 분류에 속하지 않을 것이라고 부모는 생각한다. 자신이 정말 하고 싶은 것보다는 예민하게 남들의 시선을 신경쓰면서 인생에서 정작 중요한 시간을 헛되게 보내는 경우도 많다. 남들의 시선, 돈만을 쫓는 교육이 아니라 정말 우리 아이들이 하고 싶은 것들을 찾아가면 좋겠다.

자녀가 독립해야 할 시기에도 부모는 자녀의 삶에 개입해서 모든 것을 결정하고, 그 결정에 따르도록 한다. 어린 시절부터 자녀의 삶에 스스로 선택할 수 있는 선택권이 주어지지 않는다. 이런 현상이 성인이 된 후에도 계속 이어지면, 자녀는 어떤 문제를 해결할 수 있는 능력을 전혀 배우지 못한다. 선택의 기로에서 자신의 생각과 의지보다는 부모에게 의지할 수밖에 없다. 그렇게 습득했기 때문이다.

부모가 항상 아이의 문제를 해결해 주거나 선택해줄 수는 없다. 아이가 부모의 품을 떠나기도 하고, 부모의 죽음 때문에 아이의 곁을 떠나야 할 때도 있다. 부모의 품 안에 자녀가 있을 때, 자녀가 스스로 이 세상을 살아갈 수 있도록 선택권을 주자. 부모의 욕심이 아니라 자녀가 정말 행복한 삶을 살아갈 수 있도록 격려하고 응원해주자. 어릴 때부터 부모의 응원과 격려를 자녀가 듣고 자란다면, 성인이 되어서 어떤 문제를 만나도 그 문제를 해결할 수 있을 것이다.

출생서열에 따른 성향

많은 학자들이 출생서열에 따른 성향에 대한 연구를 했는데, 일반적으로 첫째, 둘째, 막내, 그리고 외동에 대한 특징을 이야기한다. 그 내용을 요약하면 이렇다.

첫째는 다른 형제들에 대한 책임감이 강하고, 스스로 옳고 완전하고 우월하려는 경향이 있다. 그래서 다른 서열보다 완벽주의자들이 많다. 둘째는 위의 형제와 경쟁하기 위해서 애쓴다. 태어나자마자 부모의 사랑을 받기 위한 경쟁자가 있기 때문에, 자신의 존재를 나타내기 위해서 반항적일 수도 있다. 막내는 부모의 사랑을 많이 받기 때문에 응석받이가 될 경우가 많다. 혼자서 할 수 있는 일들이 없고 다른 사람을 의존하려는 경향이 많다. 외동은 모든 사람에게 관심의 대상이 되는 것에 익숙하기 때문에 다른 사람이 이야기하는 것에 쉽게 상처를 받고 견디지 못하는 경향이 있다.

출생서열에 따른 성향이 다 맞지 않았다. 아이들의 기질과 성향이 달라서 출생서열을 대하는 방법들이 다르기 때문이다. 아이가 혼자일 때와 2명 이상일 때 성별, 자녀의 수에 따라서 아이들의 마음이 각자 다 다르다. 그럼에도 출생서열의 성향은 일반적이다.

삼남매 중 막내인 30대의 A남성은 학자들이 이야기하는 출생서열의 특징이 대체로 맞다고 이야기한다. 막내였던 A는 친할머니가 다른 형제들보다 유독 자신을 좋아해주셨다고 한다. 할머니가 사탕이나 먹을 것들을 몰래 챙겨주셨다. 가끔 형이랑 옛날이야기를 하면, 그때 정말 속상했다고 한다. A는 막내라서 사람들에게 귀여움을 많이 받았는데, 그때 형은 질투를 넘어 상처가 됐던 건 아닌가 하는 생각을 했다.

어느 날 아들들과 이야기를 하는데, 형은 엄마나 아빠가 동생을 더 사랑한다고 이야기하고, 동생은 반대로 형을 더 사랑한다고 이야기했다. 부모는 모두에게 똑같이 대하는 데 왜 그렇게 생각하는 것일까?

같은 동성이었지만, 첫째와 막내의 경우 어른들이 대하는 것이 다르다. 또 같은 첫째라도 남자나 여자냐에 따라서 부모가 주는 기대감이나 바람이 다를 수도 있다.

첫째인 언니와 막내 남동생 사이에 낀 둘째 유치원생 여자 아이 B는 독립심이 강하다. 세상에 태어나자마자 첫째와 경쟁해서 부모의 사랑을 차지해야 하기 때문에 스스로 해결하는 일이 강하다. 그리고 성격도 화끈하고 강하다. 그렇게 하지 않으면 부모의 사랑을 첫째에게 빼앗긴다고 생각하기 때문이다.

장녀인 언니는 부모가 주는 기대감이 있고, 밑으로 막내는 부모의 귀여움을 차지한다고 B는 생각한다. 둘째 입장에서 부모의 사랑을 얻기 위해서 치열한 경쟁을 해야 한다고 생각한다. 부모의 눈에 띄기 위해서 자신 나름대로 자신의 존재를 나타낸다. 그래서 공부를 엄청 열심히 하거나 어긋나는 행동을 보여줌으로 부모의 시선을 끈다. 부모에게 "나"도 여기에 있다는 것을 알리는 것이다. 그 방법이 아이들마다 다르게 나타나긴 하지만, 그 내면은 모두 똑같다.

우리 부부는 모두 첫째다. 그러다 보니 둘째 아이의 입장보다는 첫째 아이의 입장을 더 잘 안다. 둘째 입장에서는 막연하게 '그렇겠구나!' 생각하지만, 우리 부부는 둘째 입장을 경험한 것이 아니기 때문에 공감하기 어려운 부분이 많다. 하지만 나의 여동생과 아내의 동생인 처제는 둘째 아이의 마음을 공감한다. 자신이 둘째로 경험을 했기 때문이다.

내가 직접 경험하지 못하는 것들은 그 상황을 자세히 모르기 때문에 온전히 공감하지 못한다. 그래서 부모가 형제들과의 관계에서 어떤 서열의 위치에 있느냐가 아이들 각자에게 영향을 주기도 한다. 조금만 자세하게 들여다보면, 미묘한 차이들이 생긴다. 가족이지만, 정말 많이 다르다. 그 다름을 인정하고 서열에 따른 성향을 이해한다면, 보다 깊은 공감을 할 수 있을 것이다.

아이 관찰하기

　부모는 자신의 눈에 직접 보이는 아이의 모습만 보고 아이의 상태를 파악하는 경우들이 많다. 그래서 아이에게 아무런 문제가 없다고 생각했다가 나중에 아이의 마음 상태를 알고는 후회하는 경우가 종종 있다. 아이가 겉으로 표현하는 것이 전부라고 생각하지만, 아이들마다 마음속에 감추고 있는 것이 있다. 아이가 자랄수록 그것을 부모가 알아내기가 쉽지 않다. 하지만 방법이 있다. 아이를 관찰하는 것이다.

　관찰은 집중해서 아이를 보는 것이다. 24시간 관찰카메라처럼 아이를 계속 주시해서 보는 것이다. 24시간 사람들의 행동을 관찰카메라로 보면 가장 가까이에서 보는 가족도 그 사람에게 대해서 잘 알지 못하는 부분들을 발견한다. 본인 스스로도 자신의 모습을 보면서 놀라는 경우들도 많다. "내가 저런 표정을 지어?" "내가 말을 저렇게 해?" "충격이네!" "정말 내가 저러는지 몰랐어!" 다른 사람은 다 아는 것을 자신만 모르는 경우도 상당히 많다. 그래서 부부상담이나 가정상담 등 가정에서 일어나는 문제들을 해결하기 위해서 가족들이 생활하는 모습을 영상으로 촬영해서 보는 경우들이 있다.

관찰을 통해서 아이의 얼굴의 표정, 몸짓, 때로는 툭 내뱉는 말들을 자세히 살펴본다. 신경 쓰지 않으면 볼 수 없는 자신의 내면이 그대로 드러나는 경우들이 많다. 영상은 그 순간을 놓치지 않고 볼 수 있어서 어떤 경우에 그런 행동을 하는지 자세히 알 수 있다. 부모가 아이의 모습을 카메라처럼 지켜보는 것이다. 아이가 행동하는 것들을 자세히 관찰하면, 아이의 새로운 모습을 발견할 것이다.

어떤 아이들은 부모가 같이 있을 때와 없을 때 다르게 행동하기도 한다. 또 어떤 상황이 되면 반복되는 행동이나 말이 있다. 또 본인 스스로도 잘 모르겠지만, 내면에 있는 것들이 어떤 순간 표출되기도 한다. 부모가 관찰을 통해서 아이의 심리 상태나 정서들을 파악할 수 있다. 부모가 알고 있던 아이의 모습이나 관찰을 통해서 나타난 아이의 모습이 비슷하다면 지금까지 부모가 아이를 대하는 방법들에 큰 영향은 없다. 하지만 부모가 알고 있던 아이의 모습과 관찰을 통해서 발견한 아이의 모습이 많이 다를 때는 부모가 좀 혼란스럽다. "내 아이는 이런 말을 하다니!" "내 아이가 아닌 거 같아요!"

부모가 관찰이 필요한 것은 정말 아이의 내면에 있는 상태를 파악하기 위해서다. 겉으로 보이는 아이의 모습만 보고 잘 하고 있구나 생각하다가 아이의 마음 속 깊은 곳에 상처들이 쌓여 있다가 폭발하는 경우들이 있기 때문에 그것을 미리 예방하는 것이다.

겉으로 보이는 것과 내면의 모습이 다른 경우는 여러 가지 원인이 있다. 우리가 알 수 있는 것은 아이들은 똑똑하기 때문에 부모가 원하는 정답만을 부모에게 보여줄 수 있다는 것이다. 어릴 때부터 경험에 의해서, 부모가 원하는 것을 보여주면 자신의 삶이 편하기 때문에 부모 앞에서는 정답만 이야기하고 행동한다. 하지만 그 외에 다른 상황에서는 다른 행동을 할 수도 있다. 아니면 부모의 관심을 갖기 위해서 속으로 다른 생각하지 않지만, 마음속에 화를 누르면서 부모가 좋아하는 것을 할 수도 있다.

우리가 아이들을 어리다고 생각하고 그들의 행동이나 생각을 대수롭지 않게 여기지만, 아이들도 엄연히 하나의 인격체이기 때문에 성인들이 느끼는 모든 것을 다 느끼고 있다. 아이들의 마음도 복잡하고 나름대로 걱정과 고민이 많다. 아직 어리고 약자이기 때문에 그것을 온전히 표현하지 못하는 부분들이 있지만, 성인인 부모나 어른들이 주의 깊게 살피지 않기 때문에 알지 못하는 부분들도 있다.

한국에서는 아이들의 자살이 점점 늘어가고 있다. 이렇게 어린 나이에 자살을 하는 이유를 전문가들은 어릴 때부터 학습 부담으로 받는 스트레스, 또 가정불화나 부모와의 소통시간이 부족하기 때문이라고 말한다. 아이의 내면에 쌓이는 불안과 우울과 같은 것을 해소하는 것이 중요하다. 오늘 우리의 아이를 자세히 관찰하면서 아이의 내면을 들여다보면 어떨까?

part 5

우리아이,
어떻게 해야 할까?

떼쓰는 아이, 어떻게 해야 할까?

길거리에서나 쇼핑몰, 마트 같은 곳에서 떼쓰는 아이를 보는 일이 종종 있다. 아이가 원하는 것을 부모가 허락하지 않으면 울면서 소리를 지른다. 심한 아이들은 숨이 넘어가는 행동을 보이기도 하고, 바닥에 눕는 경우도 있다. 이렇게 아이가 떼쓰는 모습을 처음 본 부모는 어떻게 해야 할지 난감하다. 주변 시선도 부끄럽고, 아이의 모습에 충격을 받기도 한다.

아이가 떼를 쓰는 경우 많은 부모가 아이에게 큰소리로 그치라고 이야기한다. 그러면 아이는 주변 사람들이 쳐다보게 더 크게 울면서 소리를 지른다. 어떤 부모는 아이를 때리기도 하고, 그 자리를 피하는 부모도 있다.

아이가 떼쓰는 것 때문에 어떤 엄마가 상담을 받으러 온 적이 있다.

엄마하고 단 둘이 있을 때는 괜찮은데, 다른 사람과 있을 때 떼를 쓴다는 것이었다. 아이와 단 둘이 있을 때와 다른 사람들과 있을 때 엄마의 행동이 달랐다. 둘이 있을 때는 아이가 엄마랑 잘 놀고, 혼자서도 잘 놀기 때문에 아이가 뭘 하든지 신경을 쓰지 않았다. 그런데 다른 사람들과 함께 있으면 자꾸 엄마의 시선이 아이에게만 집중된다고 했다. 아이가 다른 사람들에게 피해를 줄까봐 제재하는 경우가 많았다고 했다. 집안뿐만 아니라 밖에서도 혼자 잘 하는데 엄마가 과잉반응을 하고 있었다. 아이 입장에서 사람과 함께 있을 때 다른 행동을 하는 엄마 때문에 혼란이 올 수 있다.

부모가 이렇게 행동할 때 어떤 아이들은 혼란보다는 엄마의 빈틈을 발견하고 그 틈을 이용하는 경우들도 있다. 이 아이가 바로 엄마의 빈틈을 노리고 있었다.

엄마는 어릴 때부터 주변의 시선에 민감했다. 부모로부터 다른 사람들에게 책잡히는 일을 만들지 말라는 소리를 듣고 자라기 때문에 집밖에서 행동할 때 예민했다. 이 엄마는 자연스럽게 아이도 다른 사람들 앞에서 책잡히는 일이 생기지 않도록 신경을 썼다. 그래서 엄마는 집에서는 아이에게 단호했지만, 다른 사람들이 있는 경우에는 아이가 어떤 사고를 칠까 하는 마음에 제재도 많이 했지만 허용하는 것들도 많았다.

아이가 엄마가 다른 사람들하고 있을 때 떼를 쓰면 엄마가 어쩔 수 없이 해준다는 것을 알았다. 집에서 안 되는 것은 안 되는 것인데, 밖에서는 조금 떼를 쓰면 된다는 것을 아는 것이다. 집에서나 밖에서 똑같이 행동해야 하는데, 부모가 이런 원칙이 제대로 세워지지 않아서 아이가 그 틈을 노린 것이다.

집안에서나 밖에서 아이에게 단호하게, 그러나 사랑스럽게 대해야 한다. 상담을 했던 엄마가 했던 이야기다.

"제 능력 안에서 아이한테 다 해줬어요. 그런데 제가 감당하기 힘들 정도로 요구하는 것이 많아져서 안 된다고 말하니까, 마트에서 떼를 쓰고 몇 번 누웠어요."

만약 내 아이가 이런다고 하면, 어떻게 해야 할까? 여러 가지 방법들이 있지만, 아동 전문가가 이야기했던 방법을 전하겠다.

떼쓰는 아이는 다른 사람들의 시선을 부모가 의식하고 있다는 것을 알기 때문에 제재를 했을 때 더 크게 울면서 소리를 지른다. 부모가 다른 사람들의 시선에 흔들리지 않는다는 것을 아이에게 전해야 한다. 아이가 떼쓰고 울 때 아이 옆에서 "시끄럽게 해서 죄송합니다. 지금 아이 훈육중입니다."라고 쓴 종이를 들고 서 있으면 된다고 한다. 어떻게 생

각하면 창피하겠지만, 종이를 보고 대부분 사람들이 조용히 지나간다
고 한다. 아이는 이런 반응을 보면서 이 방법을 안 통하겠다고 생각하
고 더 이상 떼를 쓰지 않는다고 한다. 아이의 잘못된 생각이나 행동의
첫 출발점이 부모에게서 시작되는 경우가 많다.

아이들이 가장 가까이에서 보고 배우는 사람은 바로 부모다.

밥을 잘 먹지 않는 아이, 어떻게 해야 할까?

정성껏 준비한 음식을 아이가 먹지 않으면 참 속상하다. 큰 아이가 초등학교 입학을 하면서 평일 주방을 내가 맡고 있다. 벌써 10년째다. 개인적으로 나는 음식을 준비하는 것이 좋다. 아이들에게 '요리는 도전이다'라고 말할 정도로 새로운 음식 만들기에 도전하는 것도 좋아한다. 새로운 음식이 때로는 맛이 있기도 하지만, 때로는 입에 넣었다 바로 내뱉는 경우도 많다.

우리나라 음식은 뭐 그리 준비할 것들이 많은지 시간이 많이 걸린다. 코로나 19 때문에 집에서 '삼식이'인 아이들 때문에 음식을 먹고 치우고 나면, 얼마 되지 않아서 '다음 끼니는 뭐 먹나?' 걱정한다. 음식 준비에 많은 시간과 정성이 들어간다. 음식을 준비하는 사람은 음식을 만들 때 먹는 사람을 생각한다.

우리 가족은 음식을 가리지 않고 잘 먹는다. 특별히 좋아하는 음식이 각자 다르다. 아내는 깔깔한 것을 좋아한다. 김치는 묵은 김치를 좋아한다. 큰아이는 계란으로 하는 음식이면 모두 좋아한다. 고기 종류는 다 좋아한다. 작은아이는 한식을 좋아한다. 된장찌개나 청국장도 좋아한다. 가족들이 좋아하는 음식을 준비하면서 흐뭇하기도 하지만, 먹는 모습을 볼 때 음식을 준비한 사람만 느낄 수 있는 행복감이 있다.

그런데 아이들이 잘 먹지 않아서 힘들어하는 부모들이 있다. 그럴 때마다 얼마나 속이 상하고 힘들지 잘 안다. 먹는 것이 부실해서 혹여 성장하는 것도 더디지 않을까 하는 걱정 때문에 더 먹이려고 한다. 먹는 문제 때문에 부모들이 상담하는 경우가 많다. 아이들이 밥을 늦게 먹거나 먹지 않으려고 하는 이유는 다양하다. 밥 먹는 데 집중하지 못하고 딴 짓을 하는 경우도 있고, 먹기 싫어하는 음식은 절대 먹지 않으려고 한다. 그리고 음식에 대한 안 좋은 기억이 있는 경우 먹지 못한다.

이렇게 다양한 이유가 있기 때문에 우리 아이가 왜 음식을 먹지 않는지, 늦게 먹는지 잘 알아야 한다. 겉으로 보이는 모습은 밥을 먹지 않는 것이지만, 그 이유는 천차만별(千差萬別)이다. 그 경우에 따라서 처방도 다르게 해야 한다.

밥을 먹을 때 딴 짓을 하는 아이들은 딴 짓을 할 수 있는 요소들은 다 제거하고 밥 먹는 데만 집중할 수 있도록 하면 된다. 특히 식사시간에 영상을 보는 경우가 많은데, 이렇게 습관이 들면 밥 먹기가 더 힘들어진다. 영상을 아이들에게 끊는다는 것은 정말 힘들지만, 꾸준히 노력하면 된다.

밥을 먹지 않는다고 숟가락 들고 돌아다니면서 입에 넣어주는 것도 하지 말아야 한다. 밥상에 앉아서 먹는 것을 훈련시켜야 한다. 음식을 다 먹을 때까지 자리를 뜨지 않도록 부모가 엄격하게 지도해야 한다.

아기가 유독 먹기 싫어하는 음식이 있다. 이때는 음식에 대한 책을 함께 읽거나 직접 농사를 짓는 곳에서 체험을 하면서 거부감을 줄여가는 것이 좋다. 또 아이와 함께 재료를 가지고 직접 음식을 만드는 것도 좋다.

어떤 부모가 밥 먹는 것 때문에 힘들다고 이야기한 적이 있다. 아이가 밖에서는 밥을 잘 먹는데, 집에서는 밥을 먹지 않으려고 한다는 것이다. 아이를 지켜본 결과 아이에게는 별 문제가 없었다. 부모의 습관 때문에 아이가 집에서 밥을 잘 먹지 않았다. 아침을 먹지 않는 엄마는 아이가 아침을 잘 먹지 않는다고 아침을 주지 않았다. 이 아이는 아침 내내 배고파하다가 학교에서 급식을 먹었다. 물론 잘 먹었다. 자기가 좋아하는 반찬이 나오는 날은 더 먹을 때도 있었다. 학교에서 집으로 오면, 엄마는 집에서 잘 먹지 않는다고 아이가 좋아하는 간식을 줬다. 간식도 잘 먹었다. 그리고 얼마 되지 않아 저녁을 준비하고 저녁을 먹었다. 아이는 점심도 잘 먹고 간식까지 먹었으니 배가 불렀다. 배 부르는 상태에서 저녁을 먹으라고 하니 잘 먹을 수 없었던 것이었다. 그런데 엄마 입장에서는 아이가 집에서 먹는 유일한 식사인데, 먹지 않으니 걱정을 했다.

어머니에게 집에서 해야 할 몇 가지 방법을 알려줬다.

1. 아침은 꼭 먹을 수 있도록 한다. 아침은 신체적 발달뿐만 아니라 뇌 발달에도 많은 영향을 준다. 아침을 먹게 되면, 뇌에 영향 공급이 잘되기 때문에 뇌 활동이 활발하게 일어난다.

2. 이른 저녁을 먹을 경우에는 학교에서 온 후 간식을 주지 말아야 한다. 요즘 아이들은 간식을 배가 부를 때까지 먹는 경우들이 많다. 집에서 먹는 경우도 있지만, 밖에서 먹는 경우도 많다. 이렇게 간식으로 배가 부르면 당연히 밥을 먹지 않는다. 간식에는 영양소가 골고루 되어 있지 않기 때문에 간식만 먹고서는 건강하게 성장하기 힘들다.

3. 혼자 밥을 먹을 수 있도록 식판이나 재미있는 주방도구로 밥을 주는 것도 좋다. 놀이를 하듯이 아이가 직접 반찬을 골라 담아 밥을 먹을 수 있도록 해보자. 밥 먹는 것이 재미있다고 인식하면 어렵지 않게 밥을 먹는다.

4. 부모가 편식하는 모습을 보이면 안 된다. 아이들이 편식하는 경우, 대부분 부모가 편식하는 경우들이 많다. 성장기에 있는 아이들은 골고루 음식을 먹어야 잘 성장할 수 있다.

한 집에서 살면서 밥을 같이 먹는 사람들을 '식구'라고 한다. 시대가 많이 바빠지면서 함께 식사하는 경우가 줄어들고, 아이들은 먹을 것이 풍부해지면서 밥 문제가 많아지고 있다. 이럴 때 중요한 것은 아이들이 올바른 식습관을 가지도록 부모가 꾸준히 교육하는 것이다.

자기중심적인 아이, 어떻게 해야 할까?

사람은 누구나 이기적인 면을 가지고 있다. 아이들도 자기중심적인 사고와 행동을 많이 한다. 지극히 자연스러운 특성 중 하나이다. 하지만 자기중심적인 사고와 행동이 지나치게 강해서 언제 어디서든지 자기 뜻대로 하려는 아이들이 있다. 이런 경우, 부모의 양육 태도에 문제가 있는 경우가 많다. 옳고 그름이나 규칙에 상관없이 아이의 모든 요구를 들어주거나 오냐오냐 키우는 경우다. 이렇게 자란 아이들은 다른 사람과의 관계에서 문제가 생긴다.

이런 문제들을 고민하는 분에게 필요한 것은 무엇일까? 바로 규칙이다. 아이가 사람들에게 관심을 받기 원한다. 주변에 있는 사람들이 모두 자기만 보기 원한다. 자신에게 관심을 주지 않으면 운다. 아이가 아주 어릴 때부터 집안에 있는 가족들이 모두 잘해주면, 특히 아이가 해달라고 하는 건 거의 다 주면, 아이는 자기중심적인 사람으로 자란다.

자신이 요구하는 것을 바로바로 들어줘야 한다고 생각한다.

큰아이가 유치원에 처음 갔을 때 당황했던 일이 있었다. 양쪽 집안에 처음 태어난 아이라서 가족들이 아주 작은 행동만 해도 놀라워하고 최고라고 했다. 이런 환경에 익숙한 아이가 유치원에 가서 어떤 행동을 했는데, 아이들도 선생님도 아무런 반응이 없는 것을 보고 아이는 당황했다. 이런 아이의 모습을 보고 깨달은 것이 있다.

'아이의 요구대로 무조건 다 해주는 것이 결코 아이에게 좋은 것이 아니구나.'

아이는 사랑이 부족하다고 느꼈을 때, 사랑을 받고 싶어서 울고 삐지는 것이 당연하다. 이런 모습에 너무 심각하게 생각하지 않아도 된다. 이때 필요한 것은 아이에게 너는 충분히 사랑을 받고 있다는 것을 알려주는 것이 필요하다.

부모가 사랑을 베푸는 것과 규칙을 정해서 그대로 행동하는 그 경계가 참 어렵다고 말한다. 어디까지 허용하고 훈계를 해야 하는지 어렵다. 중요한 것은 언제 어디서든지 안 되는 것이 안 된다고 단호하게 이야기를 해야 한다. 그러기 위해서는 규칙을 세우고 지키는 것이 중요하다.

규칙은 부모와 아이가 함께 정한다. 규칙은 약속이기 때문에 정한 규칙을 벗어나면 부모가 아이를 사랑하지만 제재가 들어갈 수밖에 없다는 것을 알려야 한다. 부모가 약속한 것을 지키는 모습을 아이에게 보여야 한다. 아이가 그런 행동을 하면 부모는 반드시 제재가 들어가야 한다.

어떤 부모는 이런 상황이 되면 무조건 혼을 낸다. 어떤 부모는 상황을 모면하기 위해서 아이가 해달라고 하는 걸 다 해주는 경우도 있다. 부모가 극단적으로 행동하는 것은 그리 좋지 않다. 이런 행동이 습관이 되면 아이가 커서도 똑같이 행동한다. 그래서 이런 행동은 빨리 깨는 것이 좋다. 상황이 발생했을 때 이야기하는 것도 좋지만, 규칙은 차분한 상태에서 정하는 것이 좋다. 그리고 그런 상황이 발생했을 때 규칙을 상기시키고, 계속 규칙을 어길 경우 제재하면 된다.

자기중심적인 아이에게 규칙을 가르쳐줄 때 아빠의 역할이 크다. 처음부터 아이의 행동에 규칙을 정하다 보면, 아이가 힘들어할 수 있다. 이런 경우에는 아빠가 놀이를 통해서 지켜야 할 규칙이 있다는 것을 가르치면 된다.

놀이를 하기 전 아이와 함께 규칙을 정한다. 엄마가 아이와 놀이를 할 때 규칙에 상관없이 무조건 져주는 경우가 많은데, 아빠들은 놀이를 하는 동안 정해진 규칙을 꼭 지키도록 한다. 그리고 정정당당하게 대결을 해서 아이를 이긴다. 경기에서 진 아이는 패배감에 운다. 아이가 우는 모습을 보고 엄마는 왜 져주지 않느냐고 남편에게 푸념을 한다. 하지만 규칙에 따른 패배는 아이에게 긍정적인 영향을 준다.

아이와 규칙을 정했지만, 처음에는 규칙과 상관없이 아이 마음대로 이랬다저랬다 할 수 있다. 이때 아이의 마음에 공감은 하지만, 규칙을 따라야 한다는 것을 상기시켜야 한다. 규칙을 어기지 않고 당당하게 지는 법을 배울 수 있다.

말이 느린 아이, 어떻게 해야 할까?

어느 날, 4살 남자 아이의 엄마가 찾아왔다. 또래 아이들은 문장으로 이야기하는데, 아들은 세 단어 연결까지만 한다는 것이었다. 또래에 비해서 언어가 늦는 건 같아서 고민하고 있다가 여러 가지 청각 검사를 했고, 다 정상으로 나왔다. 어린이병원에서 아이가 놀이하는 것을 관찰한 결과, 인지 언어가 느리다고 말해서 정부의 지원을 받아 언어치료를 받고 있다고 했다.

언어치료는 일상생활에서 의사소통이 어렵거나 언어 장애가 있는 사람들을 치료하는 일이다. 전문적인 재활 치료는 재활 의학 전문의사에게 의뢰한 후 증상에 따라 병실에서 환자의 관절과 근육을 수동적으로 운동시켜 주는 것부터 시작해서 물리 치료실에서 여러 가지 기구를 사용한 체계적인 운동, 일상생활 동작에 대한 훈련, 언어 치료 등에 이르기까지 매우 다양하다. 요즘 우리나라에서는 아이들 언어발달을 위해서 언어치료를 하는 경우들이 많아지고 있다고 한다.

아이가 말하는 것이 늦어지면, 부모는 사회성이나 사람들과의 관계에 좋지 않은 영향을 받을까 걱정한다. 실제로 아이들이 말이 잘 되지 않을 경우에, 자기는 뭔가 원하는 게 있는데 그것을 표현하지 못해서 성격도 급해지고 소리를 지르거나 폭력을 쓰는 경우들이 있다. 자신의 말을 상대방이 제대로 알아듣지 못하는 것 때문에 자존감이 낮아지고 말을 더 안 하는 경우들도 있다.

청각에 이상이 없는데, 아이들이 말이 느린 경우에는 집에서 부모가 기다려주는 연습을 해야 한다. 아이가 자신의 생각을 천천히 표현할 수 있도록 해줘야 한다. 그리고 아이의 말을 정확하게 할 수 있도록 꾸준히 연습해야 한다. 그런데 부모들은 이게 잘 안 된다. 답답하고, 속상하니까 빨리 말하라고 재촉하게 된다. 그런 마음을 충분히 이해한다. 하지만 기다려줘야 한다. 천천히 생각을 정리하고 이야기할 수 있도록 해야 한다. 편안하게 몇 마디라도 할 수 있도록 칭찬하고, 아이의 문장 수준에 맞게 말을 할 수 있도록 무한 반복을 해야 한다.

수없이 듣고 반복해야 말을 할 수 있다. 아이들이 듣고 모방을 하면서 따라한다. 아이가 어떤 단어를 처음 말하기 위해서는 수백, 수천 번을 들어야만 비로소 그 말을 할 수 있게 된다. 그래서 신생아 때부터 기저귀를 갈거나 목욕을 할 때, 젖이나 우유를 줄 때도 아기에게 많은 말을 해주는 것이 좋다. 집에서 부모가 아이와 함께 보내는 시간이 참 중요하다. 집에서 아이가 말할 수 있는 환경을 만들어 줘야 한다.

앞서 이야기한 엄마의 이야기를 들어보니, 남편은 직장 때문에 외국에 나가 있고 몸이 힘들어서 아이를 돌볼 여력이 되지 않았다. 생후 50일 정도 됐을 때 스마트폰으로 동영상을 보여줬는데, 징얼거리지도 않고 편했다. 그래서 하루에 4-5시간 정도 동영상을 보여줬다. 아이하고 이야기하는 시간은 거의 없었다. 이렇게 동영상을 많이 보게 되면, 말을 닫게 하는 경우가 있다. 엄마가 편하기 위해서 아이들에게 동영상을 보여주는데 아이들에게 득이 되는 것은 하나도 없다.

아이가 태어나고 6개월 이전에 동영상에 노출된 아이들은 인지능력이 저하될 수 있다. 2015년에 미국소아과과학자협회(PAS)가 미국 중산층 이하 부모 370명을 상대로 조사한 결과를 발표했다. 그간 미국소아과학회(AAP)가 만 2세 이하 영유아 어린이가 TV, 컴퓨터, 스마트폰 등을 오락용으로 이용하지 말 것을 권유해 왔지만, 그 사용 실태를 밝힌 것은 미국소아과과학자협회가 처음이었다.

부모 가운데 73%는 집안일을 할 때 자녀들이 스마트폰을 가지고 놀도록 했고, 60%는 다른 장소로 이동하는 것과 같은 상황에서 자녀에게 그렇게 하도록 했다. 자녀들의 전자기기 사용 시간은 연령에 따라 증가했다. 하루 한 시간 정도 가지고 노는 경우는 만 2살이 26%, 만 4살은 38%였다.

미국소아과학회(AAP)는 스마트폰이나 텔레비전처럼 화면을 활용하는 전자기기가 젖먹이와 어린이 두뇌의 정상적인 발달을 저해하고 언어학습에도 장애를 초래한다고 지적하며, 만 2세 이하 어린이는 화면을 보지 못하게 부모나 그 보호자가 노력해야 한다는 권고안을 1999년에 이어 2011년에도 거듭 강조했다.

아이가 어릴 때 텔레비전이나 기타 전자기기를 많이 이용할 경우 학교생활을 시작했을 때 언어발달이 지연된다고 한다. 어린이 두뇌 발달을 위해서는 전자기기 대신 부모가 직접 아이들과 놀아주는 방식이 효과적이다.

아가방회사는 만 5세 이하 자녀를 키우는 20~30대 부모 471명을 대상으로 설문조사를 실시한 결과 응답자의 77.9%가 생후 18개월 이전부터 동영상을 보여줬다고 했다. 아이에게 영상물을 보여준 적이 있느냐는 질문에 전체 응답자의 90.2%가 '있다'고 답했다. 또 하루에 평균 1시간 30분정도 시청하는 것으로 나타났다. 지금 한국에 있는 많은 부모들이 다 그렇게 하고 있다. 어린 아이들이 동영상을 보고 있는 동안 부모는 육아에서 벗어나 편안함을 느낀다. 하지만 부모가 편한 만큼 어린 아이들에게 악영향을 준다는 사실을 기억하면 좋겠다.

아마도 4살 남자 아이가 말이 느린 이유가 어릴 때부터 동영상을 장시간 접하고 그 외에 시간에도 말하는 것을 접할 기회가 없었기 때문이라고 생각되어 하루에 30분씩 책을 읽어주면서 함께 이야기를 나누는 시간을 꼭 가지라고 했다. 6개월 후, 언어치료와 함께 꾸준히 책읽기를 한 결과, 또래 아이들과 비슷한 수준의 언어를 구사할 정도로 좋아졌다. 아이가 저절로 자라는 것이 아니다. 부모의 사랑과 관심을 먹고 자란다.

거짓말하는 우리 아이, 어떻게 해야 할까?(1)

국어사전에 보면, 거짓말을 이렇게 정의했다. "사실이 아닌 것을 사실인 것처럼 꾸며 대어 말을 함." 철학자들은 거짓말에 대한 정의를 내렸는데, 크게 두 가지 입장이 있다. 하나는 아우구스티누스처럼 그것이 가져다주는 이해나 결과와 관계없이 "거짓말이란 속이고자 하는 의도를 지니는 거짓의 표명"이라는 입장이다. 이 경우에는 정도의 차이는 있기는 하지만 허위의 언명은 모두 죄로 간주된다는 의미다.

이에 반해서 다른 하나는 그로티우스가 이해와 결과를 포함시키는 경우다. 볼프는 "타자에 해가 되는 진실하지 않는 이야기"라고 말했고, 바움가르텐은 "타인을 해치는 도적적 허언"으로 정의하고 있다. 즉, 진실하지 않는 언사 중에서 타인에게 해를 끼치는 것만이 '거짓말'이라고 불리는 죄악으로 간주된다는 의미다.

아이들이 거짓말을 하면서 자신이 잘못하고 있다는 것을 알까? 모를까? 당연히 안다. 아이들이 거짓말을 하는 이유는 본능적으로 위협으로부터 벗어나야 한다는 것을 느끼면서 그 순간을 피하기 위해서다.

어떤 소아 정신과 의사가 거짓말에 대해서 이런 이야기를 했다. "악의적인 거짓말과 둘러대기를 부모가 구분할 줄 알아야 한다." 둘 다 부모를 속이는 행위인데, 그 차이가 있단다. 아이들이 대부분 부모에게 거짓말을 하는 경우는 둘러대기라고 한다. 자신이 잘못했다는 것을 느끼고 그 자리에서 벗어나고 싶은 마음에 둘러대는 행위가 대부분이라고 한다. 악의적인 거짓말은 의도적으로 남을 속여 자기 이익을 취하는 적극적인 거짓말이다. 둘러대기나 악의적인 거짓말 모두 잘못된 것이다.

사람마다 조금씩 다르긴 하지만, 자녀가 거짓말을 했을 때 부모가 강압적으로 누르기만 하면 거짓말하는 것이 바로 잡히지 않는다. 당시에는 진심으로 잘못했다고 하지만 비슷한 상황이 되면, 혼나는 것이 무서워서 또 거짓말을 하게 된다.

여러분의 어린 시절을 떠올리면, 무슨 말을 하는지 잘 알 것이다. 부모님에게 혼이 나는 것이 무서워서 거짓말을 하는 경우들이 있었다. 때로는 나쁜 생각이나 행동들도 했다. 그렇게 했다고 모든 사람들이 거짓말쟁이가 되거나 나쁜 사람이 되지 않는다. 거짓말하는 것이 습관이 되어 성인이 된 후에 정말 사기꾼이나 나쁜 사람이 되기도 하지만, 대부분은 크면서 철이 들고 사회에서 좋은 삶을 살아가고 있다.

그렇다고 아이들이 거짓말을 하는 것을 정당화할 수는 없다. 부모가 아이들이 거짓말을 할 때 거짓말이 잘못됐다는 것을 확실히 가르쳐야 한다. 그리고 아이 스스로 거짓말이 가져오는 결과가 얼마나 큰 영향을 주는지 깨닫게 하는 것이 좋다. 여기서 중요한 것은 감정으로 아이를 대하면 아무리 강하게 이야기해도 아이들은 그것을 새겨서 듣지 않는다는 것이다.

사람은 감정적이다. 아이들도 자신이 잘못한 것을 알지만, 혼이 났을 때 무서워한다. 그 무서움에 대항하는 심리가 뇌에 자리를 잡는다. 그래서 혼을 많이 내는 부모에게 아이는 순응하는 것 같지만, 계속 반감이 쌓인다. 이런 반감이 위기 순간에 거짓말을 하게 한다. 우리의 뇌가 위기에서 벗어나고 싶은 것만 생각하는 것이다. 들통이 나더라도 지금 피하는 것이 최선이라고 생각한다.

우리가 잘 아는 〈양치기 소년〉은 반복되는 거짓말이 얼마나 잘못된 것인지 알려준다. 진짜 늑대가 나타났을 때 양치기 소년은 정말 절실했겠지만, 전에 했던 행동들 때문에 사람들이 믿지 않았다. 그런데 여기서 우리가 알아야 한 부분이 있다. 양치기 소년이 거짓말을 하게 된 이유다. 그 이유를 아는가? 바로 '심심했기' 때문이다. 마을 사람들이 하던 일을 멈추고 이것저것 손에 들고 뛰어오는 모습이 재미있어서 심심해지면 거짓말을 했다. 마을 사람들은 양치기 소년이 처음 거짓말을 했을 때, 거짓말을 하는 그 이유를 알고 심심하지 않도록 했다면 어땠을까? 심심할 때 거짓말 대신에 할 수 있는 것들을 알려줬으면 어땠을까?

거짓말하는 우리 아이, 어떻게 해야 할까?(2)

거짓말에 대한 명언들이 있다. 작가 파울로 코엘료는 "거짓말이 달아 준 날개로 당신은 얼마든지 멀리 갈 수 있습니다. 그렇지만 다시 돌아오는 길은 어디에도 없어요."라고 말했다. 종교개혁자 마르틴 루터는 "거짓말은 눈덩이와 같다. 오래 굴릴수록 커진다."라고 했고, 그리스 철학자 플라톤은 "거짓말은 그 자체가 죄일 뿐만 아니라, 정신까지도 더럽힌다."라고 말했다.

자녀의 거짓말에 부모가 어떻게 대처해야 할까? 자녀의 동기를 파악해서 자녀의 결핍, 즉 거짓말을 하는 이유를 부모가 해소시켜준다면 해소할 수 있을 것이다.

자녀가 거짓말을 하는 경우, 부모의 모습을 보고 그대로 따라 하는 경우가 있다. 부모가 자녀의 문제에 대해서 고민을 할 때 가장 먼저 생각할 것은 '나는 그 문제에 대해서 어떻게 행동하고 있는가?'이다. 대부분의 자녀들이 부모를 보고 배우기 때문이다. 어른들은 아이들 앞에서 사소한 거짓말을 한다. 부모가 거짓말을 하고 있다는 것을 아이들이 알고 있다면, 아이를 혼내는 부모를 보면서 속으로 굉장한 분노를 느낄 수 있다.

자녀가 거짓말을 했을 때 대처하는 방법이 몇 가지 있다. 먼저, 부모가 자녀가 거짓말을 했다는 것을 알았을 때, 거짓말을 한 것에 대해서 취조하듯이 묻거나 혼을 내기 전에 왜 거짓말을 하게 됐는지 그 동기를 파악하는 것이 좋다.

두 번째는 부모의 짐작으로 먼저 아이들을 판단하지 말아야 한다. 아이가 편하게 이야기할 수 있도록 기다려줘야 한다. 부모가 지레짐작으로 이야기하다 보면, 갈등만 초래할 수 있다. 자녀를 혼내다 보면, 온갖 생각들이 꼬리를 물어서 하지도 않은 일들까지 말하는 경우들이 있다. 부정적인 이야기를 하면, 뇌가 부정적인 감각들을 계속 끄집어내어 부정적인 이야기만 한다.

세 번째는 자녀의 세계를 이해하는 것이다. 부모가 이해하지 못하는 아이들만의 세계가 있다. 예전에는 십 년이면 강산이 변한다고 했는데, 요즘에는 하루에도 강산이 몇 번씩 변하는 세대가 되어 버렸다. 그래서 부모는 고지식하다는 자녀의 생각 때문에 감추거나 숨기기 위해서 거짓말을 하는 경우가 있다. 이야기했다가는 잔소리 폭격을 맞을 것이라고 생각한다.

네 번째는 내 자녀는 좋은 아이라고 믿어주고, 격려하는 것이다. 자녀들이 하는 행동하는 것을 믿어주고, 격려하는 것이 힘들 때도 있다. 거짓말을 했을 때, 거짓말과 아이를 분리시키는 작업을 해야 한다.

거짓말을 하는 마음을 가상인물로 만들어서 이름을 만들어준다. 예를 들어, '핑계쟁이'라는 가상의 인물을 만들어 아이와 핑계쟁이를 분리시켜놓는다. 아이의 마음에 핑계쟁이가 없을 때 얼마나 착하고 좋은 아이인지 이야기해주고, 마음속에 핑계쟁이가 찾아오면 거짓말을 하고 싶은 마음이 생기는 것이라고 말한다. 그러면 아이는 자신과 거짓말을 분리하면서 자신이 나쁜 아이가 아니라고 생각한다. 거짓말을 하고 싶은 마음이 들 때, 마음에 큰 소리로 외치는 것이다. '핑계쟁이야~ 내 마음속에 오지 마~'

아이들은 모두 착하고 싶은 마음이 있다. 자신이 잘못을 했는데, 잘못한 것은 자신과 분리해서 내 자체가 잘못한 것이 아니라 '핑계쟁이' 때문에 거짓말을 하는 것이라고 하기 때문에 스스로 분리하려고 노력한다. 그렇게 해서 부모로부터 칭찬을 받으려고 한다.

비록 거짓말을 했지만, 그건 내가 나쁜 사람이라서가 아니라 핑계쟁이가 내 안에 들어와서 나로 하여금 거짓말을 하도록 했기 때문이라고 인식한다. 핑계쟁이만 마음속에서 몰아내면 좋은 사람이 될 수 있다는 확신을 심어주는 것이다.

부모가 자녀를 바라보는 모습이 자녀의 완전한 모습이 아니다. 계속 성장한다. 지금보다 더 나은 모습으로 성장할 수 있도록 부모가 잘 양육한다면, 부모의 바람 이상으로 훌륭하게 성장할 수 있을 것이다.

아이들은 실수하고 잘못하면서 성장한다. 그럴 때마다 부모는 속이 상하고, 올바르게 자라기 위해서 훈계한다. 아이가 스스로 잘못했다는 것을 알지만, 부모가 혼내기만 하면 마음의 상처를 받고 자란다. 아이가 왜 실수하고 옳지 않은 생각과 행동을 했는지 그 마음을 헤아려보는 시간을 가지면 좋겠다.

자기주장이 강한 아이, 어떻게 해야 할까?

7세 딸아이가 자꾸 말꼬리를 잡거나 말대꾸를 한다면서 상담을 요청했던 엄마가 있었다. 엄마 말은 듣지 않고 자기가 하고 싶은 대로 하거나 핑계를 댄다고 했다. 처음에는 화를 낼 생각이 없던 엄마도 말을 듣지 않으니까, 언성이 높아지고 소리를 쳐야만 듣는 척한다고 속상했다.

주변을 둘러보면, 가끔씩 아이들이 고집스럽게 행동하거나 떼쓰는 경우들이 있다. 아이들이 자기주장이 형성되는 시기에 자신의 욕구가 충족되지 않을 때 하는 행동이다. 부모에 대한 반항이 아니다. 아직 미성숙하기 때문에 어떻게 해야 하는지 모르기 때문에 자신의 마음을 표현하는 것이 고집을 부리고 떼쓰는 것이다.

아이들이 자라면서 발달단계에 따라 그에 맞는 현상이 나타난다.

자기주장이 나타나는 시기에는 자기주장을 해야 한다. 이 시기에 많은 부모들이 갑자기 아이가 말대꾸하고 부모 입장에서 대든다고 생각이 들면 당황한다. 아이들이 처음 부모의 말에 말꼬리를 잡고, 말대꾸를 시작할 때 부모의 속은 뒤집어진다. 그래서 아이의 기를 꺾어야 한다면서 감정적으로, 그리고 강압적으로 혼을 내거나 아이의 주장을 묵살하기도 한다. 하지만 쉽게 고쳐지지 않는다. 오히려 역효과가 나기도 한다.

근본적인 문제를 해결하지 않고 강압적으로 누르기만 하면 그 힘에 대항하지 못해서 표면적으로는 해결된 것처럼 보이지만 해결된 것이 아니다. 부모 앞에서는 꾸중 듣는 것이 싫어서 더 깊숙이 부정적인 감정을 감추지만, 보이지 않는 곳에서 더 은밀하게 할 수도 있다. 때로는 다른 문제를 일으키기도 한다.

아이가 자기주장이 강할 때는 강압적인 자세보다는 부모가 아이를 기다려주고, 아이의 말을 들어주는 것이 필요하다. 힘들겠지만, 아이와 대화를 통해서 부모의 생각을 꾸준히 전달하는 것이 필요하다. 아이에게 감정적으로 대하면, 아이가 잘못했어도 기분만 상하지 귀담아듣지 않는다. 잘못한 것보다는 혼나고 있다는 생각 때문에 감정만 상하는 것이다.

여기서 부모가 놓치지 말아야 할 것은 일방적으로 아이의 주장을 수용하라는 것이 아니다. 이치에 맞게 아이가 주장하는 것에 옳고 그름을, 그리고 옳더라도 부모가 수용할 수 없는 상황을 설명해줘야 한다.

아이에게서 자기주장이 강하게 나타나는 모습이 보이면, 정상적으로 잘 자라고 있다고 생각하면 된다. 대부분 그 시기가 지나면 조금씩 좋아진다. 아이 스스로 자기주장만 강하게 전달하는 것이 잘못됐다는 것을 깨달을 때, 변화가 일어난다. 감정적으로 화를 낸다고 해서 절대 바뀌지 않는다.

부모는 아이에게 한 자리에서 기다리는 사람이다. 아이가 어떤 상황에서도 돌아올 수 있는 곳을 부모가 지키는 것이 중요하다. 그러기 위해서는 아이들에게 감정적인 상처를 주면 안 된다. 부모가 부모의 자리를 지키고 있더라도 감정이 상한 자녀가 부모에게 다시 돌아가기란 쉽지 않다. 돌아가더라도 또 부모에게 감정이 상할 수 있다는 생각 때문이다. 부모가 아이에게 감정적으로 대하는 것은 꼭 피해야 한다.

아이들은 계속 성장한다. 신체도 발달하고, 뇌도 발달한다. 어제와 오늘이 다르고, 오늘과 내일이 다르다. 아이들이 어릴 때는 전적으로 부모의 돌봄이 필요하지만, 시간이 지나면서 스스로 독립을 위한 준비를 한다. 그때마다 부모가 섭섭하고 당황하는 일들이 일어나지만, 시간이 지날수록 부모가 아이를 놓아주는 훈련이 필요하다. 사랑을 담은 대화를 하면서 스스로 자립할 수 있도록 기다려주는 인내심이 필요하다.

아이 때문에 화가 날 때, 어떻게 해야 할까?

다른 사람의 입장을 생각하라는 뜻을 지닌 역지사지(易地思之)라는 사자성어가 있다. 사람은 무슨 일이든지 자기에게 이롭게 생각한다. 자신이 관여된 것들에 대해서 객관적으로 보지 못하고 주관적으로 볼 수밖에 없다. 자신에게 불리한 것들도 합리화를 시켜서 모면하려고 한다. 역지사지는 자신의 입장에서 생각하는 것처럼 다른 사람의 입장에서 생각하면 바라보는 시각의 차이를 인지하고, 상대방의 마음을 헤아릴 수 있다는 의미를 담고 있다. 처지가 바뀌었다면 다 이해가 될 것이다. 부모와 자녀의 문제도 역지사지로 바라보면, 아이의 마음을 헤아릴 수 있다.

앞에서도 이야기했듯이 어떤 양육 전문가가 아이를 키우면서 세 가지 원칙만 지키면 뭐든지 다 잘 된다고 이야기했다. 첫 번째는 '참는다'이고, 두 번째는 '또 참는다'이며, 마지막도 '끝까지 참는다'이다. '참을

인' 자 세 개면, 살인도 면한다는 말처럼, 참고 또 참고 끝까지 참으면 아이들이 잘 자란다는 말이다.

하지만 아이의 행동 때문에 화가 날 때 참는 건 정말 힘들다. 그래서 많은 전문가들이 화가 날 때 그 자리를 잠시 벗어나라고 조언한다. 아니면 10초 동안 심호흡을 하라고 이야기한다. '화'라는 것이 순간적으로 올라와서 바로 폭발이 되는데, 올라오는 '화'를 가라앉히고 그 순간을 피하면 폭발하지 않는다.

아이들의 행동을 부모에 대한 반항이나 공격으로 받아들이지 않고, 커가는 과정이라고 생각하며 즉각적으로 대응하지 않으면 된다. 이런 이야기를 하면, 대부분의 부모들은 그 순간 속이 뒤집어지고 아무 생각이 나지 않는다고 한다. 부모도 감정이라는 것이 있는데, 쉽게 되지는 않는다. 하지만 아이가 악의가 있어서 그런 것이 아니라는 것을 계속 되뇌이면서 화를 가라앉히는 연습이 필요하다.

부모가 감정적으로 폭발하는 이유는 부모가 자녀와 동일시하는 경향 때문이다. 자녀가 자신의 분신이라고 여기는 것이다. 부모와 자녀는 다른 인격체인데, 부모가 자녀와 동일시하기 때문에 서로 힘들어한다. 부모는 자신의 생각대로 자녀가 행동해줘야 하는데, 그렇게 행동하지 않으니까 속이 상하고, 자녀 입장에서는 내 인생인데 왜 부모가 이래라저래라 하는 것일까 하면서 부모의 간섭에 속상하다. 서로 감정만 상하는 것이다.

몇 해 전에, 미국에서 온 분들과 함께 2년 정도 서로 교류하면서 지냈는데, 이분들은 자녀에게 감정적으로 대하는 것을 자제했다. 옆에 볼 때, 정말 이분이 친부모가 맞나 싶을 정도로 매정한 부분도 있었다.

여름에 좋은 행사가 있어서 아이가 가고 싶다고 하니까, 부모가 가는 것을 허락하는데 비용은 알아서 하라고 했다. 그 행사에 참여하는 비용이 그리 비싸지 않았고, 부모가 충분한 돈이 있었는데 말이다. 우리가 볼 때는 아이가 섭섭할 정도로 단호했다. 그런데 아이도 그걸 당연하게 생각했다. 아이는 사람들에게 자신이 이 행사에 가야하는 이유를 설명하면서 후원을 받았지만, 결국 그 비용이 다 채워지지 않아서 못 가게 됐다. 그런데 이 일에 대해서 부모도 아이도 감정적인 대립이 없었다.

부모가 능력이 되더라도 도와주지 않고, 스스로 독립하는 것을 가르치고 있었다. 자녀가 어떤 것을 선택할 때 부모가 자녀에게 명령하는 것이 아니라, 방향을 이야기하고 아이 스스로 결정하게 한다. 또 그 결정의 책임도 지도록, 아이가 스스로 감당하도록 한다. 부모가 자녀와 이런 분리가 일어나야 하는데, 우리나라에서는 잘 되지 않는다. 우리나라는 아직까지 자녀가 어떻게 하느냐에 따라서 부모의 얼굴이 달라진다. 그래서 아이들에게 더 많은 집착을 하는 것 같다.

아이가 부모의 생각대로 행동하지 않을 때 부모에게 필요한 것이 있다. 아이의 마음을 이해하는 것이다. 사람은 다르기 때문에 그 다름을 인정해야 한다. 아이도 나름대로 자신의 생각과 판단을 한다. 그것을 무시하거나 무조건 잘못됐다고 몰아세우는 것은 안 된다.

두 번째는 아이의 말이나 행동의 이유, 그 동기를 제대로 파악하는 것이다. 때로는 아이의 말과 행동은 겉으로 보이는 것이고, 그 내면을 제대로 알아야 문제 해결을 할 수 있기 때문이다. 병이 났을 때, 병을 일으키는 균을 제거해야 깨끗하게 치료하는 것처럼 아이의 내면에 있는 문제를 해결해야 한다.

세 번째는 옳고 그릇된 것을 자세하게 이야기해야 한다. 아이가 요구한다고 무조건 들어줘서는 안 된다. 해도 되는 것과 하지 말아야 할 것은 정확하게 알려줘야 한다. '하지 말아야 하는 선'을 그어줘야 한다. 그 선 안에서 아이 스스로 조절할 수 있도록 해야 한다. 이렇게 하면, 아이가 자신의 생각을 다른 사람에게 바르게 전달하는 방법을 배울 수 있다.

part 6

잠재되어 있는 능력을
이끌어내는 교육

잠재되어 있는 능력을 이끌어내는 교육

교육에 관련된 사자성어가 참 많다. 그 중에서 구이지학(口耳之學)이라는 말이 있다. 이 말은 "들은 것을 마음에 새기지 아니하고 그대로 남에게 전할 뿐, 조금도 자기 것으로 만들지 못하는 천박한 학문"을 말한다.

군자의 학문은 귀로 들으면 그대로 마음에 삭이고, 신체에 정착하여 인격을 높이고, 그것이 행동으로 나타난다. 그러한 과정을 거쳤기 때문에 사소한 말이나 동작도 많은 사람의 거울이 될 수 있다. 이에 반해 소인의 학문은 귀로 들어가면 곧바로 입으로 나온다. 즉, 들은 대로 즉시 타인에게 말하고, 조금도 자신을 수양하는 양식으로 두지 않는다. 귀와 입 사이는 겨우 네 치인데 그 사이동안만 신체에 머물러 있었던 것으로 생각한다.

교육이라는 단어의 어원을 찾아보면, 가르치다 '교'(敎)에 기르다 '육'(育)을 사용하여 '가르치고 기른다'는 뜻이다. 가르친다는 '교'가 의미하는 것이 단순히 윗사람이나 연장자가 아랫사람이나 어린 사람을 가르친다는 의미보다는 무엇인가 알고 있는 성숙한 사람이 잘 알지 못하는 미성숙한 사람에게 가르쳐서 길러내는 것을 말한다. '육'은 신체적인 성장을 돕는 것으로 길러내는 의미가 강하다. 그래서 교육은 성숙한 부모가 미성숙한 자녀를 가르치고 길러내는 것을 의미한다.

이에 반해 영어에서는 교육을 'education'이라고 한다. 라티언어 'educare'에서 유래된 것으로 '밖으로 이끌어내다'는 뜻이 있다. 즉 교육이라는 것은 각 사람에게 있는 잠재적인 능력을 밖으로 이끌어내는 과정을 말한다.

동향에서의 교육은 교육을 받는 사람의 의견은 중요하지 않는다. 교육하는 사람의 지식을 피교육자에게 그대로 전달한다. 이런 교육에는 맹점이 있는데, 가르치는 사람의 능력에 따라서 교육의 차이가 생긴다. 반면에 서양에서는 아이들의 내면에 내재된 능력들을 발견해서 그것을 향상시킨다.

동양에서는 지식을 많이 아는 것이 중요하다고 생각하고, 어떤 일을 하든지 '대학'을 나와야 된다고 생각한다. '대학'이라는 것이 자신의 교육수준을 나타낸다고 생각하기 때문이다. 하지만 서양에서는 대학은 정말 공부에 관심을 가지고, 재능이 있는 사람만 진학한다. 어릴 때 공부 외에 다른 재능이 있는 사람들은 이른 시기에 자신의 재능을 계발시키는 과정에 들어간다. 여기에는 직업학교나 현장실습 등이 있다. 이렇게 교육의 출발점이 다르기 때문에 우리 눈에 보이는 교육방법이 다르게 나타난다.

지금 한국 사회를 보면, 교육은 대학입시에 모든 것이 다 집중되어 있다. 아이들의 재능이나 꿈보다는 아이들의 삶의 목표가 '대학'으로 되어 있다. 우리나라 교육은 대학입시를 위한 입시교육이라고 말할 수 있다.

지금 한국은 아이의 입장에서 아이의 재능을 발견하고, 그 재능을 계발시키는 교육이 아니라 부모의 입장에서 바라는 길을 아이가 걸어가도록 하는 경향이 많다. 교육이 공부를 잘 해서 좋은 대학에 들어가는 것으로 한정되다 보니, 학교에서도 가정에서도 그리고 사회에서도 여러 가지 좋지 않은 현상들이 나타난다. 공부만 잘 하면 된다는 환경에서 자란 아이들은 인성이 올바로 세워지지 않게 된다. 인성은 인간으로서 가져야 할 가치와 성품을 이야기하는데, 인간 됨됨이라고 말할 수 있다. 하지만 지금 많은 아이들이 자기만 생각하고, 주변을 살피지 못한다. 이것은 부모나 어른들뿐만 아니라 친구들과의 관계에서도 동일하게 나타난다.

자녀에게 지식이 아니라 지혜를 가르치는 것이 필요하다. 단순히 정보를 전달하는 것이 지식이라면, 지혜는 삶을 살아가는 이치를 깨닫는 것이라고 말할 수 있다. 배고픈 사람에게 물고기 한 마리를 주어 한 끼를 해결하는 것이 지식이라면, 물고기 잡는 법을 가르쳐 주어 배고플 때마다 끼니를 해결할 수 있도록 하는 것이 지혜다.

우리가 교육이라는 것을 단순히 아이들을 가르친다는 것으로 생각하는데, 그 안을 들여다보면, 교육의 목표와 목적에 따라 참 다르다는 것을 알 수 있을 것이다. 아이들이 어떤 사람으로 잘 성장할 수 있을까 부모가 먼저 생각해봐야 한다. 그리고 그 목적에 따라 아이들을 어떤 방법으로 교육할 수 있을지도 고민해볼 문제다.

"콩 심은 데 콩 나고 팥 심은 데 팥 난다"는 속담이 있다. 부모가 자녀에게 어떤 가치관이나 세계관을 심느냐에 따라서 아이들의 가치관과 세계관이 자라게 된다. 지금 나는 자녀에게 어떤 가치관과 세계관을 심고 있을까?

유대인의 교육(1) 토라

사자성어 기문지학(記問之學)은 단순히 책을 외우기만 하고 제대로 이 해하지 못한 학문을 말한다. 어떤 내용이나 사실을 잘 기억해서 그것 을 지식으로만 알고 있는 것은 남을 가르치기에 부족하다. 아는 만큼 삶에서 행동으로 실천하는 것이 중요하다는 것을 알려주고 있다 온고 지신(溫故知新)은 옛 것을 충분히 익힘으로 새로운 것을 알아가는 것을 말한다. 이 두 사자성어를 통해 우리가 많이 아는 것보다는 아는 만큼 삶에서 실천하는 것이 중요하다는 옛 선조들의 가르침을 배우면 좋겠 다.

가치관이라는 것은 인간이 삶이나 어떤 대상에 대해서 무엇이 좋고, 옳고, 바람직한 것인지를 판단하는 관점을 말한다. 세계관이라는 것 은 세계 전체를 어떤 것으로서 볼 것이냐는 인간의 기본적 태도를 말한 다. 즉 사람들의 생활에서 얻어지는 경험들을 바탕으로 세계를 바라보는 시각을 말한다. 그래서 어떤 가치관을 가지고 살아가느냐에 따라서 세계관도 형성된다.

간단하게 이야기하자면, 내가 살면서 수많은 선택의 기로에 설 때 '어떤 기준으로' 선택하느냐, 어디에 '가치'를 두고 세상을 바라보느냐는 것이다. 예를 들어, 돈에 가치를 두는 사람은 모든 중심에 '돈'이 있다. '나라'에 가치를 둔 사람은 '충(忠)'으로 산다. 이런 가치는 아주 어릴 때부터 형성된다.

전 세계적으로 유대인의 교육법을 배우려고 한다. 이 교육법에 사람들이 왜 관심을 갖을까? 통계에 따르면, 1901년 노벨상이 제정된 후 2015년까지 노벨상을 수상한 사람이 총 1,082명이다. 그 중에서 약 30%가 유대인이다. 더 놀라운 것은 세계의 인구(2015년 기준 73억 2천만 명)중에서 유대인이 차지하는 비율은 0.2%(1,464만 명)에 불과하다는 사실이다. 인구도 많지 않은데, 세계 곳곳에서 두각을 나타내고 있다니 정말 대단한 민족이다. 유대인들이 한 분야가 아니라 다양한 분야에서 훌륭한 업적들을 거두고 있다. 특히 경제학상은 전체의 약 42%를 유대인이 차지했다.

한국에서도 유대인의 교육방법이 수십 년 전에 들어왔지만, 잘 정착하지는 못했다. 유대인의 교육과 우리나라 교육이 방법뿐만 아니라 교육관이 달라서 많은 부모들이 유대인의 교육방법대로 하다가 포기한 경우들이 많았다. 그러다 몇 해 전부터 홈스쿨링이나 대안학교에서 유대인의 교육방법으로 아이들을 가르치는 경우들이 늘었다. 그리고 부모들도 유대인의 교육방법에 대한 궁금증이 늘어나서 관심을 많이 가지고 있다. 현용수 교수는 유대인의 자녀교육을 연구하면서 한국에 유대인의 교육방법을 1990년대에 소개했다. 쉐마교육, 탈무드, 하브루타 등 다양한 교육이다.

유대인은 무엇보다 가정교육을 중요하게 생각한다. 아이가 어렸을 때부터 잠자리에 들기 전에 부모가 자녀에게 토라(성경)를 읽어준다. 토라는 유대인의 가치가 들어있다. 이 틀에서 모든 것이 이루어진다. 아이는 어느 정도 자라면 토라를 읽기 위해서 글을 배운다. 아이들이 글을 배운 후에도 부모가 매일 15분 정도 토라를 읽어준다고 한다. 부모가 아이들과 계속 교감을 이어가는 것이다. 이렇게 매일 아이들이 잠자리에 들기 전에 이야기를 나누는 것이 아이들의 가치관을 성립하는 데 중요하다.

우리 선조들이 전래동화나 옛이야기들을 아이들에게 잠자리에 들기 전에 들려준 것도 많은 영향이 있었다. 우리 옛이야기나 전래동화는 권선징악이나 효와 충에 대한 이야기가 많아 이런 사상들이 부모로부터 자녀에게 그대로 전해주는 역할을 했었다.

아이가 어리다고 '애가 뭘 알아듣겠어요?' 하고 이야기하지만, 엄마의 뱃속에 있을 때부터 부모의 말을 듣고 있다는 것을 알아야 한다. 아이들 앞에서 말을 함부로 해서는 안 된다는 말도 다 이런 이유 때문이다. 아이들이 부모들이 하는 말이나 행동을 잘 따라한다. 무심코 했던 말이나 행동을 아이가 따라하는 걸 보면 깜짝 놀란 경험들이 있을 것이다.

부모의 말이 아이들이 가치관을 세우는데 큰 영향을 준다. 반복되는 부모의 말이라면 그 영향력은 어마무시하다.

유대인의 교육(2) 탈무드와 하가다

유대인은 자녀가 어릴 때부터 '토라'와 '탈무드', 그리고 '하가다'를 가르친다. 토라는 유대인의 가치가 들어있는 책으로 매일 아이들이 잠자리에 들기 전에 이야기를 나누는 것이 아이들의 가치관을 성립하도록 한다.

'탈무드'는 유대인의 지혜서라고 부른다. 이 세상을 살아가면서 실천할 수 있는 지혜가 담긴 글이다. 이 탈무드를 읽어줄 때는 부모가 꿀한 방울을 책에 떨어뜨리고 아이들에게 거기에 입을 맞추게 한다고 한다. 아이들이 탈무드에 큰 애착을 갖도록 하고, 탈무드의 이야기가 꿀과 같이 달다는 것을 상징적으로 느끼게 해주는 것이기도 하다.

탈무드의 이야기는 우리 전래동화도 이와 비슷한데, 전래동화는 권선징악의 개념이 강한 반면, 탈무드는 권선징악보다는 우리의 삶에서 어떤 가치관을 가지고 살아야 되는지 생각할 수 있도록 한다. 탈무드의 이야기는 뭔가 해답을 주는 것보다는 아이들이 생각할 수 있도록 하는 것이 많다.

'하가다'는 역사서다. 이 책에는 유대인들이 지키는 유월절에 대한 기록이 있는데, 이집트의 노예였던 시절에 그곳을 탈출할 때 일어났던 일들을 기록한 것이다. 어릴 때부터 이스라엘의 역사를 가르친다. 자녀에게 가장 화려하고 강성했던 때를 가르치는 것이 아니라 이집트 노예생활에서 탈출했던 그 시기를 가르친다.

유월절이 영어로 pass over라고 말하는데, '넘어 지났다'는 말이다. 이집트에 노예로 있던 유대인들을 이끌어내기 위해서 모세가 바로 왕에게 이야기하지만, 바로 왕은 모세의 말을 거절하고 더 혹독하게 유대인들을 핍박한다. 그러자 유대인이 믿고 있던 하나님께서 모세를 통해 10가지 재앙을 내리시는데, 유월절이 마지막 재앙과 관련되어 있다.

모세가 유대인들에게는 어린 양을 잡고 그 피를 문설주에 바르고 집 안에 있으라고 이야기했다. 그러면 주의 사자가 그 집은 넘어 갈 것이라고 했다. 그날이 되어 주의 사자가 이집트 전역을 돌며 첫 번째 태어난 장자를 모두 죽였지만, 어린 양의 피가 발라진 곳은 넘어 지나갔다. 그래서 그것을 기념하여 절기를 지켰고, 이름을 유월절이라고 했다. 하가다를 통해 유대인의 노예생활과 해방, 그리고 그들이 믿는 하나님이 지켜주신다는 것 등을 배운다. 이것을 토대로 아이들이 각자의 삶들을 꿈꾼다.

대부분의 유대인 아이들이 가치관이 형성되기 전부터 이런 교육을 받기 때문에 유대인들은 비슷한 가치관을 가지고 있다. 유대인들이 전 세계에 흩어져 살지만, 하나로 뭉칠 수 있는 것이 바로 이런 교육 때문이다.

가정에서 부모가 아이들이 어렸을 때부터 어떻게 교육하느냐에 따라서 아이들의 삶이 달라질 수 있다. 아이들이 이 세상을 살아가면서 수많은 선택의 기로에 설 것이다. 그럴 때마다 아이들은 자신의 '가치'에 따라 길들을 선택할 것이다. 그래서 아이들이 어떤 '가치'를 세우느냐가 중요하다. 우리 아이들은 어떤 '가치'를 가지고 살면 좋을까?

유대인의 교육(3) 남과 다른 생각

리처드 린(Richard Lynn)과 타투 반하넨(Tatu Vanhanen)는 2004년에 학술지 *Contemporary psychology*에 'IQ and the Wealth of Nations'의 논문을 발표했다. 이 논문에 의하면 한국인 평균 지능지수(IQ)는 106으로 세계 3등이다. 세계 1위는 공동 1위로 홍콩과 싱가포르(108)다. 세계 최고를 자랑하는 평균 지능지수와 맞물려 우리나라의 교육열도 그 어느 나라보다 뒤지지 않는다.

우리나라에서 교육과 관련해서 늘 비교하는 민족은 이스라엘 유대인이다. 그렇다면 이스라엘의 평균 지능지수는 얼마일까? 95로 공동 12위이다. 평균 지능지수로 따지자면, 우리나라가 훨씬 높다. 그럼에도 세계를 움직이는 인물들 가운데 유대인이 많은 이유는 무엇인가? 그리고 우리나라는 왜 유대인처럼 되지 않는 것일까?

그 이유는 한국인과 유대인의 교육 목적과 목표, 그리고 교육 방법의 차이 때문이다. 유대인의 교육목적은 학습 성취가 아니라 유대공동체의 일원으로 나보다 우리를 중요시한다. 또 주입식 교육보다는 질문과 토론식 교육을 한다. 그리고 각자의 재능을 이끌어내는 목표를 삼는다.

예를 들면, 학교에 가는 아이들에게 부모님이 이야기하는 것부터 다르다. 한국은 대부분 부모가 자녀에게 "학교에 가서 선생님 말씀을 잘 들으라"고 한다. 반면에 유대인은 "학교에서 가서 선생님께 질문을 많이 하라"고 한다.

학교에서 교사의 말을 듣는 것과 교사에게 질문하는 것은 교육방법론에 큰 차이점이 있는데, 바로 교육하는 주체다. 지금 한국에서는 교사가 아이들에게 지식을 전달하는 것에 초점이 맞춰져서 교육하는 주체가 아이들이 아니라 교사다. 교사가 아무 것도 하지 않으면 아이들이 할 수 있는 것이 없다. 교사의 역할이 굉장히 크다. 그런데 질문하는 교육은 주체가 교사가 아니라 아이들이다. 아이들이 궁금한 것을 질문하면서 저마다의 답들을 찾아간다. 그래서 한국에서는 정답이 하나이지만, 유대인들의 교실에서는 답이 학생 수만큼 나온다고 한다. 아니 두 사람이 이야기하면 세 가지 정답이 나온다는 말도 있으니 학생 수보다 더 많은 답들이 쏟아질 것이다. 유대인은 남들과 똑같은 생각을 하는 것을 부끄러워하고, 남과 다른 생각을 하고 있다는 것에 자부심을 느낀다.

수업에 임하는 아이들이 수동적이지 않고 굉장히 능동적이다. 적극적으로 자신의 생각을 이야기한다. 나와 다른 생각을 이야기해도 틀렸다고 말하지 않는다. 우리는 정답을 찾기 위해서 공부를 하지만, 유대인들은 남들과 다른 생각을 하기 위해서 공부한다. 유대인은 모든 사람에게는 타고난 재능이 있고 그러한 재능을 키워주는 것이 부모가 할 일이라고 생각한다. 그래서 아이들에게 '남보다 뛰어나려고 하지 말고 남들과 다르게 되라'고 이야기한다. 아이가 경쟁해서 다른 아이를 이기려고 공부하는 것이 아니라 각자에게 주어진 능력을 계발하고 서로에게 도움을 주는 '공동체'의 중요성을 키워준다.

사람마다 다르기 때문에 똑같은 생각을 한다는 것 자체가 힘들다. 우리나라는 학교에서 요구하는 것이 자신과 잘 맞아서 우수한 학생이 되고, 잘 맞지 않은 아이들은 문제아가 된다. 학교 공부를 못하면 인생의 모든 것에서 패배자라는 생각을 갖도록 한다. 그런데 유대인 학교에서 각자 자신의 생각이 틀리지 않다고 하니까 패배자라는 생각이 들지 않을 것이다. 이런 이유 때문에 한국에서 학생들이 다른 나라보다 공부를 잘 하고 많이 하지만 자존감이 많이 낮다. 교육방법이 그런 영향을 주는 것이다.

우리 민족이 어떤 민족보다 지능이 높다. 고려시대를 보면, 동시대에 과학기술이 가장 뛰어났다고 한다. 조선 초기 세종때까지만 하더라도 과학기술이 다른 어떤 나라보다 앞서 나갔다. 여러 견해들이 있지만, 그 이후에 과학을 천하게 생각하는 유학자들의 세력, 그리고 일제식 교육이 자리를 잡으면서 주입식 교육이 계속 이어지고 있다고 한다. 똑같은 생각, 많은 지식을 머릿속에 담고 있는 것을 똑똑하다는 것으로 여기는 교육문화가 지속되는 한 우리나라 교육은 대학입시교육에서 벗어나기 힘들 것이다.

교육은 백년대계(百年大計)라고 부르는 것은 교육이 한 나라를 이끌어가는 인재를 키우는 데에 그만큼 중요하기 때문이다. 지식이 많은 인재가 가득한 나라로 갈 것인가? 지혜가 많은 인재가 가득한 나라로 갈 것인가?

유대인의 교육(4) 하브루타

유대인은 종교와 삶, 그리고 학업까지 모두 연결되어 있다. 따로 떨어진 경우가 없다. 유대인의 중심에는 신앙이 있다. 아주 어렸을 때부터 부모가 아이들에게 토라(성경)을 읽어주며, 삶의 기준을 잡아준다. 유대인은 안식일을 철저히 지킨다. 안식일은 금요일 해가 지는 시간부터 토요일 해가 지는 시간까지로 일을 하지 않는다. 시간의 여유들이 있다. 대부분 금요일 일몰 이후가 되면 온 가족이 모여서 식사를 한다. 이들은 안식일의 시작을 함께하면서 하나님께 기도하면서 자신의 죄도 고백하는 시간을 갖는다. 일종의 예배와 기도생활인 것이다. 이렇게 모인 가족들은 부모와 자녀, 혹은 할아버지 할머니까지 3대 혹은 4대가 모이는 경우도 있다고 한다.

유대인들은 안식일이 시작되는 금요일 저녁시간에는 특히 할 일이 없기 때문에 온 가족이 3-4시간 동안 함께한다. 식사공동체를 이루고 식사를 하면서 여러 가지 이야기들을 나눈다. 이때 부모나 연장자가 일 주일 동안 어떻게 지냈는지 물어본다. 이야기들을 들으면서 아이들의 생각을 다시 물어보고, 아이들이 궁금해서 질문한 것을 다시 아이들에 게 질문해서 아이들이 생각하게 한다. 이렇게 계속 질문식 대화를 끊임 없이 한다. 이런 것들이 기반이 돼서 '하브루타' 교육을 한다. '하브루 타'는 짝을 지어 질문하고 대화하고 토론하고 논쟁하는 것이다. 하브 루타 교육은 함께 이야기를 나누는 교육이다. 부모와 자녀, 교사와 학 생, 친구, 동료 등 이야기를 나눌 상대가 있다면 어디서든 하브루타를 할 수 있다. 질문과 대답은 곧 대화로 이어지고, 거기서 더 전문화하면 토론과 논쟁이 된다.

대부분의 유대인 가정에서 이런 교육방법을 하기 때문에 언제 어디서 든지 질문하고 그 질문에 대한 자신의 생각을 끊임없이 한다. 그리고 질문에 대한 지식이 없으면 그것에 대해서 스스로 찾고 공부하는 습관 이 드는 것이다. 남이 시켜서 하는 공부가 아니라 자기가 스스로 하기 때문에 그 성취도가 크다.

우리나라는 부모들이 맞벌이가 많고, 잦은 야근 때문에 아이들 얼굴 을 잘 보지 못하는 경우들이 많다. 아이들이 어릴 때는 그래도 함께 밥 을 먹는 시간이 있지만, 아이들도 조금 크면 바빠져서 시간을 맞추기 가 힘들다. 주변에서 들어보니까, 함께 밥을 먹을 때도 이야기를 잘 하지 않는다. 이야기를 하더라도 부모님들의 잔소리가 많지 이렇게 질문하고 토론하는 경우는 많이 없다.

유대인의 '밥상공동체'를 이루기 위해서 부모도 자녀도 그만큼 노력이 필요하다. 우리 문화가 유대인의 문화와 다르기 때문에 그런 환경을 만들어야 한다. 일회성으로 그치지 않고 계속 이런 환경이 되기 위해서 말이다.

하브루타 대화를 하는 방법 중에 가장 먼저 해야 할 것은 정답을 가지고 질문을 하지 말아야 한다. 아이들이 대답을 했을 때 부모가 생각한 것을 이야기했다고 '잘했어.'라는 말을 하든지 부모와 다른 생각을 했을 때 부모의 정답을 이야기하지 말아야 한다.

부모 입장에서는 정답을 알려 주고 싶은 마음이 간절하지만, 그 간절함을 표현하지 말아야 한다. 하브루타는 부모가 계속 질문하고, 질문하고, 질문하는 훈련이 필요하다. 몇 가지 질문하는 방법을 알려주면 이렇다. 단어의 뜻, 문장의 표현, 느낌, 비교, 의견, 적용, 만약에 그런 경우라면 어떻게 할 것인가? 등 아이들이 생각할 수 있는 것들을 질문하면 된다.

질문하는 것을 쉽게 생각할 수 있는데, 막상 질문을 해보라고 하면 몇 개 하다가 못하는 경우들이 많다. 부모가 평소에 질문하는 연습을 많이 해야 한다.

유대인의 교육이 아이들이 스스로 생각할 수 있는 힘을 키우는 데 있기 때문에 창의력이나 상상력이 뛰어나다. 단순한 지식을 얻는 것에서 그치지 않고 지혜를 키우는 연장선까지 가는 것이다. 그리고 유대인들은 인성교육을 중요하게 생각한다. 사람이 갖추어야 할 성품을 어린 아이 때부터 가르친다. 이런 이유 때문에 유대인이 사회나 다른 사람을 향한 배려와 사랑, 봉사 정신이 다른 어떤 민족보다 뛰어나다. 이렇게 자신의 이익보다는 공동체를 중요시한다.

유대인은 종교적인 부분이 강해서 선민사상이 있다. 개인보다는 유대인이라는 민족에 대한 자부심이 있다. 전 세계에 유대인들이 흩어져 있는데, 유대인들에게 이런 질문을 했다고 한다. "만약 이스라엘에 전쟁이 일어난다면 당신은 어떻게 하시겠습니까?" 대부분의 사람이 나라를 위해 이스라엘에 가서 전쟁에 참여하겠다고 한다.

유대인의 교육은 가정교육에서 시작된다. 가정이 작은 공동체이면서 아이에게 첫 공동체다. 이곳에서 습득한 것들이 삶의 기초가 된다는 것을 알고, 가정교육의 중요성을 알았으면 좋겠다.

21세기, 4차 산업혁명 시대에는 창의성이 높은 평가를 받는 시대다. 창의성은 생각하고 상상하는 시간이 많을 때 높아진다. 아이들이 깊이 생각할 수 있도록 오늘 아이들에게 질문해보는 건 어떨까?

좋은 영향을 주기 위한 부모의 노력

뇌를 구성하고 있는 '스냅스'라는 조직이 있다. 이 조직은 유기체라서 쓰지 않는 곳은 철저하게 차단을 하고, 계속 사용하는 것은 거미줄처럼 늘려간다고 한다. 뇌를 어떻게 사용하느냐에 따라 뇌의 영역들이 발달하기도 하고, 반대로 쓰지 않는 부분은 영양분을 보내지 않고 폐쇄시켜버려서 활동량을 줄인다.

뇌는 자신이 가지고 있는 영양분을 관리하기 위해서 새로운 일을 하려고 하지 않는다. 새롭게 뭔가를 하려고 하면 예민해진다. 쓰지 않는 부분을 폐쇄했는데, 그곳을 다시 사용하려면 다시 연결을 시키고 제대로 돌아갈 수 있도록 신경을 써야 한다. 그만큼 시간과 노력, 힘이 들어간다. 뇌 입장에서는 정말 안 하고 싶다. 몸에게 계속 편안한 것을 하자고 한다. 제대로 활성화가 이루어지기까지 뇌는 계속 이야기한다. 애쓰지 말고 편하게 살자고.

아이가 어릴 때부터 동영상을 접하면, 눈으로 보는 후두엽이 발달하고 그곳과 관련된 스냅스도 발달한다. 그리고 그 외에 활동이 적은 전두엽과 연결된 스냅스들은 퇴화된다. 그렇게 되면 전두엽과 관련된 활동들이 신체발달과 비교해서 늦어질 수밖에 없다. 전두엽 활동이 장시간 멈춰지면 회복하는 것도 어렵고, 시간도 많이 걸린다.

만약 지금 아이가 많은 시간 동영상에 노출이 되어 있다면, 동영상을 보는 시간을 줄여야 한다. 동영상을 볼 수 있는 기기를 시야에서 사라지게 하는 것이 좋다. 아이들 눈에 보이지 않으면 그렇게 집착하지 않는다. 하지만 아이 눈에 동영상을 볼 수 있는 기기가 들어오면 그것을 획득할 때까지 떼를 쓴다.

아이 앞에서 부모가 스마트기기를 쓰지 않는 것이 좋다. 부모가 보면서 아이에게 보지 않게 할 수 없기 때문이다. 부모가 노력해야 아이도 변화가 있다.

또 하나는 규칙을 정하는 것이다. 많은 부모들이 아이가 어려서 말을 알아듣지 못한다고 생각하지 않는데, 아이들에게 올바른 규칙을 알려주면 그 규칙을 따른다. 아이들도 단체생활에 적응을 할 수 있기 때문에 규칙 지키기가 가능하다. 규칙에 예외를 두면 아이는 규칙을 따르지 않는다는 것을 알아야 한다.

아이들이 엄마와 아빠의 약점을 안다. 그 약점을 잘 이용해서 자신이 원하는 것을 획득한다. 부모 입장에서는 아이의 영악함에 놀랄 때도 있고, 화가 나지만 종종 규칙을 어긴다. 그렇게 하다보면 규칙은 더 이상 규칙이 될 수 없다.

대부분 아이들이 혼자 동영상을 보는데, 혼자 보지 않도록 하는 것이 좋다. 부모와 함께 시간을 정하고 동영상을 보면서, 동영상에서 좋지 않은 부분은 걸러주고, 동영상과 관련된 이야기를 함께 나누면서 생각할 수 있는 시간을 주는 것이 좋다. 그리고 나머지 시간은 아이와 활동할 수 있는 것들을 하는 것이 좋다. 이야기하고 책을 읽어주고, 신체활동이나 놀이활동을 해서 뇌의 다른 영역들이 활성화 되도록 하면 좋다. 그래야 아이들은 동영상에 대한 생각을 하지 않는다.

아이를 키우다 보면, 아이에게 좋은 영향을 주기도 하지만 나쁜 영향을 주기도 한다. 부모가 나쁜 영향을 주는 말과 행동을 깨닫고 개선의 노력을 한다면 그보다 더 좋은 부모는 없을 것이라고 생각한다. 어느 부모든 모든 것을 완벽하게 할 수는 없다.

뇌 과학으로 본 동영상의 영향

뇌에 대한 연구가 예전부터 있었는데, 너무 복잡하고 섬세한 곳이기 때문에 연구 속도가 나지 못했다. 하지만 최근에 과학이 발달하면서 최첨단 기기들이 등장했고, 그에 따라 뇌과학 분야가 굉장히 활성화되고 있다. 뇌에 관련된 많은 부분들이 밝혀지고 있다.

뇌의 구조는 크게 4개로 구분할 수 있다. 앞머리인 전두엽, 뒤통수인 후두엽, 머리 위쪽부터 뒤쪽까지 대정엽, 머리 옆인 측두엽이다. 각 부분들이 하는 역할들이 있다.

먼저 대뇌의 앞쪽에 있는 전두엽은 기억력, 사고력 등을 주관한다. 다른 연합 영역으로부터 들어오는 정보를 조정하고 행동을 조절한다. 이 부분들이 손상되면, 이성적이고 논리적으로 행동할 수가 없다. 사회적으로, 도덕적으로 적절한 행동으로 하지 못하는 현상이 생긴다. 또

인지능력이 향상되지 않기 때문에 학습에도 제한이 된다. 우리가 흔히 머리가 다쳤다고 말할 때 그 머리가 바로 이 부분이다. 전두엽의 후방에 있는 운동 영역이 있는데, 이 부분은 온몸에 운동 명령을 지시한다. 언어의 발음을 담당하는 운동성 언어 영역(브로커 영역)도 있다.

두정엽은 정수리 부분에서 뒤쪽으로 형성되어 있다. 통증, 온도, 압력 등의 피부감각(체성감각)을 담당한다. 체성감각은 피부나 근육에서 보내온 감각 정보를 받아들인다.

후두엽은 우리가 뒤통수라고 부르는 곳이다. 이곳은 시각을 담당하는 시각중추가 분포되어 있다. 눈을 통해서 이곳까지 정보들이 들어오면 시각 정보를 분석하고 통합한다.

마지막으로 측두엽은 귀 부분을 말하는데 청각과 색을 인지하는 부분의 감각적인 부분을 담당한다. 측두엽 후방에서 두정엽 쪽으로 감각성 언어 영역인 베르니케 영역이라는 언어중추가 있다. 이곳에서 언어 정보를 인식하고 이해한다.

인간의 언어는 대뇌피질의 베르니케 영역(Wernicke's area)과 브로카 영역(Broca's area)을 중심으로 생성된다. 베르니케 영역과 브로카 영역은 언어라는 것을 다루는 데는 똑같지만, 또 전혀 다른 일들을 한다.

베르니케 영역은 측두엽에서 두정엽쪽으로 가는 곳에 위치해 있고, 문자를 듣거나 읽어서 해독할 수 있게 하는 감각언어 영역이다. 브로카 영역은 전두엽에서 두정엽쪽으로 가는 곳이 위치해 있고, 발음을 할 수 있도록 하는 운동언어 영역이다. 이 두 영역의 활동으로 우리는 어떤 단어를 듣고서 그것이 무슨 뜻인지 알게 되며, 단어를 읽고 발음하며 의미를 이해할 수 있다.

서두에서 이야기한 것처럼 과학기술이 발달하면서 뇌가 얼마나 활성화를 할 수 있는지 측정할 수 있는 기계가 있다. 기능적 자기공명영상 (Functional magnetic resonance imaging)인데, fMRI라고 부른다. 기능적 자기공명영상은 혈류와 관련된 변화를 감지하여 뇌 활동을 측정하는 기술이다. 이 기술은 뇌 혈류와 신경 세포의 활성화가 연관되어 있다는 사실, 즉 뇌 영역이 사용되면 그 영역으로 가는 혈류의 양도 증가한다는 사실에 기초한다. 그래서 실시간으로 뇌의 어떤 영역이 활발하게 움직이고 있는지 측정할 수 있다.

눈으로 뭔가를 볼 때는 후두엽이 활발하고, 생각하고 사고할 때는 전두엽이, 운동할 때는 두정엽이, 귀로 듣고 있을 때는 측두엽이 활발하게 움직인다.

아이들이 엄마 뱃속에 있을 때부터 뇌는 전체적으로 자란다. 태어나서도 전두엽, 대정엽, 측두엽, 후두엽이 고르게 자란다. 그런데 아이가 어릴 때 동영상을 보면 후두엽에만 집중적으로 활성화가 되기 때문에 다른 곳에 가야할 힘이 없다. 다른 말로 하면 후두엽 외에 다른 영역들이 덜 자란다. 특히 전두엽이 둔화된다. 대정엽과 측두엽은 움직이고 듣고 감각적인 부분들이 이루어지기 때문에 움직임들이 있는데, 동영상을 볼 때 전두엽의 움직임이 전혀 없다. 그냥 영상만 보고 원초적으로 느끼기 때문에 생각하고 정리하는 전두엽은 활동하지 않는 것이다.

아이들이 영상에 집중하는 모습을 보고, 우리는 아이가 집중력이 뛰어나다는 착각에 빠진다. 이런 말에 많은 부모들은 "집중력이 좋은 거 아닌가요?" 하는 되묻는다. 장시간 집중하는 건 맞는데, 우리가 알고 있는 집중력과는 다르다. 집중력은 전두엽과 관련이 있는데, 영상을 보는 것은 후두엽과 관련이 있다. 동영상 볼 때 fMRI를 살펴보면 후두엽만 활발하게 이루어진다고 한다.

동영상을 보여 주면 아이도 만족하고, 부모도 아이에게 해방되어 자유를 누릴 수 있기 때문에 쉽게 선택한다. 그런데 아이가 어릴수록 동영상을 자제하는 것이 좋다. 어릴 때 아이가 동영상에 노출이 되지 않으면 외부환경을 접하는 어느 시기까지는 뇌 발달에 아주 좋은 영향을 준다. 그런데 어릴 때 동영상에 노출이 되면, 그 쾌감과 편안하다는 것을 알기 때문에 동영상만 찾게 된다. 뇌과학으로 살펴봤을 때, 동영상은 어린아이의 성장에 나쁜 영향을 미친다.

승자형 부모

어느 날, 한 엄마가 씩씩 거리며 찾아왔다. 왜 그렇게 화가 났냐고 물으니, 아들 때문에 미쳐버리겠다고 했다. 그의 이야기는 이렇다.

아들과 이야기를 하다가 의견 차이가 생겼다. 엄마가 아이에게 차분하게 자신의 이야기를 했는데, 아들이 반박하면서 자신을 대하는 태도를 보고 갑자기 화가 났다는 것이었다.

엄마의 이야기만 듣고는 도대체 어떤 상황인지 파악이 되지 않아서 아들과의 관계에 대해서 물었다. 엄마는 아들이 초등학교 3학년 때 홈스쿨링을 시작했다. 엄마의 주도 하에 아들은 여러 가지 학습을 따라갔다. 한 해가 지난 후, 말도 잘 듣고 순종적이었던 아들이 조금씩 엄마의 의견에 토를 달기 시작했다는 것이다. 그런데 문제는 아들의 태도였다고 한다. 자신을 바라보는 눈빛을 보면, 자신을 무시하듯 행동하는 것 같아서 정말 미쳐버릴 것 같았다고 한다. 엄마한테 맞서고 달려들려고 하는데, 순간 움찔할 때가 있다고 한다. 아빠한테는 절대 못하는 행동을 자신에게는 거침없이 하는 모습을 볼 때마다 폭발해서 혈압도 올라가고 진이 다 빠져나가는 것 같아서 미치겠다는 것이다.

점점 키와 체격이 자신보다 커지는 아들이 위에서 내려 보는 눈빛과 말투에 화가 올라온다는 이 말에 공감하는 엄마들이 있을 것이다.

어떻게 해야 할까?

아들이 순종적이라는 것은 엄마의 권위를 인정하고 순종한다는 좋은 의미도 있지만, 아이가 성장하면서 그 권위 때문에 속앓이를 하는 경우들이 있다. 어떻게 매사 자녀가 부모의 의견과 동일할 수 있을까? 특히 사춘기에 들어서는 아이들의 경우, 부모의 생각과 일치하는 경우는 드물다. 그럼에도 부모의 말에 토를 달지 않고 순종한다는 것은 정말⑪ 착한 아이이거나 자신의 감정과 의견을 숨기고 부모가 보이지 않는 곳에서 스트레스를 해소하는 경우가 많다. 부모와 부딪히는 스트레스를 해소하지 못하고 속앓이를 하다가 정신적으로 병들어가는 아이들도 있다. 그래서 아이들이 사춘기가 시작됐음에도 아무런 잠음 없이 지낸다면, 자녀와의 관계를 한 번 돌아보는 것도 필요하다.

미국 심리학자였던 토머스 고든은 <부모 역할 훈련>이라는 책에서 부모가 자녀와의 관계에서 세 가지 유형으로 접근한다고 이야기한다. 먼저, 부모의 권위를 내세워 자신의 생각과 뜻을 성사시키는 부모 유형이고, 두 번째는 부모의 생각은 그렇지 않지만, 자녀의 생각과 뜻대로 하도록 하는 부모 유형이며, 세 번째 유형은 앞의 두 가지를 혼용해서 사용하는 부모다.

첫 번째 유형의 부모는 자녀가 자신의 말을 잘 듣고 있다고 생각하고, 두 번째 유형의 부모는 속으로는 불만이 많지만, 자녀의 말을 잘 들어주고 있는 부모라고 생각한다. 세 번째 유형의 부모는 상황에 따라 자신의 말을 관철시키기도 하고, 자녀의 말을 따르기도 한다.

토머스 고든은 첫 번째 유형을 '승자형', 두 번째 유형을 '패자형', 그리고 세 번째 유형을 '동요형'이라고 부른다. 그런데 승자형이든, 패자형이든, 동요형이든 자녀와 원만한 소통의 관계를 맺지 못한다고 한다. 그 이유는 대화를 통해서 소통을 이끌어내지 못하기 때문이다.

첫 번째 유형의 부모는 권위나 권력을 행사하는 것을 당연하다고 생각한다. 그래서 자신의 생각을 자녀 앞에서 포기하지 않는다. 명령하고 복종하기 원한다. 만약 복종하지 않으면 그에 합당한 벌을 내린다. 갈등이 생기면 당연히 부모가 이겨야 한다. 자녀가 어리고 무지하다고 생각하기 때문에 부모가 이끌어줘야 한다고 생각한다.

토머스 고든이 말하기를 첫 번째 유형의 부모 밑에서 자란 아이들은 대부분 부모의 말을 잘 듣는다고 한다. 하지만 어린 시절까지다. 속으로는 부당하다고 생각하지만, 부모의 권위에 대항할 만큼 자신이 힘이 없기 때문에 권위에 복종할 뿐이다.

아이들이 부모의 권위에 복종은 하지만, 마음속에 불평과 불만 쌓아둔다. 권위에 도전하면 항상 자신이 패하기 때문에 권위를 누를 수 있는 시점을 기다린다. 부모의 도움 없이 스스로 세상에서 살아남을 수 있다는 첫 번째 시점이 '사춘기'다.

자신이 첫 번째 유형의 부모라면, 자녀가 사춘기 시절에 부모의 권위에 반항하고, 도전하는 자녀를 만나게 될 것이다. 그리고 속으로 '우리 아이가 이런 아이가 아니었는데, 말을 참 잘 듣는 아이였는데, 친구를 잘못 사귀어서 애가 달라졌다'는 생각을 할 것이다.

승자형 부모들은 자녀가 그런 생각과 행동을 하도록 원인 제공을 한 사람이 부모라는 사실을 전혀 모른다. 결국 자신은 자녀를 잘 키우고 있다고 생각하고 있다가 믿는 도끼에 발을 찍히는 경우가 일어나게 된다.

아이들한테 무조건 이기는 것은 부모에게나 아이에게도 그리 좋은 것만은 아니다. 부모에게는 만족함이 있겠지만, 아이의 마음은 상처와 아픔, 불평과 불만이 가득 할 수 있다. 아이들의 불만을 속으로 쌓아 놓지 않도록 해야 한다. 밖으로 해소시켜야 한다. 그리고 아이들의 힘든 부분을 이야기하며 알아가야 한다. 부모가 자녀를 무조건 이기려고 하는 경우에 자녀는 절대 부모에게 자신의 속 이야기를 하지 않는다.

오늘 아이의 마음을 헤아려 보면 좋겠다.

패자형 부모와 동요형 부모

우리와 전혀 관계가 없는 사람이나 애정이 없는 사람에게 상처를 받는 경우는 드물다. 그 사람이 무슨 말을 하든지 나와 상관이 없기 때문이다. 우리 마음에 상처가 생기는 건 대부분 가족이나 가까운 사람들 때문이다. 기대가 클수록 더 쉽게 상처를 받는다. 특히 가족에게 상처가 되는 말을 들었을 땐, '가족끼리인데 그냥 풀면 되지' 하는 생각을 하기 쉬운데, 오히려 마음의 문을 닫아버리는 경우도 적지 않다. 내가 어떤 말을 했을 때, '상대가 이렇게 저렇게 받아들여야 한다'거나 '내 말을 따라야 한다'는 기대를 내려놓아야 한다. 자신이 자신의 생각과 감정을 표현할 권리가 있듯이 상대도 자신의 생각에 따라 반응할 권리가 있다.

미국 심리학자 토머스 고든이 〈부모 역할 훈련〉이라는 책에서 이야기한 세 가지 부모 유형 중 두 번째 유형인 '패자형' 부모와 '동요형' 부모에 대한 이야기하려고 한다. 패자형 부모는 언제나 자녀 마음대로 내버려 둔다. 자녀와 갈등이 생기면, 자녀가 상처를 받을 것을 우려해서 자녀가 이기도록 한다. 자녀가 그릇된 상황에서도 잘못된 부분을 고치려는 노력을 하지 않고 자녀의 감정만 챙기는 부모다. 이런 경우, 자녀가 거칠고 제멋대로 자란다. 누구의 말도 듣지 않고 충동적이며 자신의 욕구를 해결하기 위해서는 어떤 것도 용납이 되는 아이로 성장한다. 이런 아이는 언제나 '자기'가 먼저라고 생각한다.

가끔씩 주변에서 아이한테 쩔쩔매는 부모를 볼 수 있을 것이다. 수년 전부터 아이와 친구 같은 부모가 되는 게 유형처럼 번지고 있는데, 이런 부모들 중 상당수가 아이의 요구를 다 들어준다. 아이가 만족하는 것 같아서 좋아하지만, 여기에도 심각한 문제가 있다.

첫 번째 유형과 달리 부모의 마음에 불만과 불평이 쌓인다. 부모의 생각과 뜻이 있는데, 항상 자녀의 말을 들어주니 자연스럽게 마음에 상처를 받게 되고 그에 합당한 보상을 생각한다. 그리고 이런 감정들은 부모가 느끼지 못하겠지만, 그대로 자녀에게 전달된다.

자녀들은 항상 자기 멋대로 행동하는 것을 받아주는 경험을 하다가 부모의 부정적인 감정들을 받게 되면 '엄마 아빠가 나를 사랑하지 않은' 것으로 받아들인다. 다른 사람들과의 관계에서도 자신의 요구를 들어주지 않으면 자신을 사랑하지 않는다고 생각한다. 이런 일들이 반복되면 자녀는 더 이기적이고 자기중심적으로 성장한다. 부모를 비롯해서 다른 사람의 생각과 감정 따위는 전혀 신경을 쓰지 않는다. '패자형' 부모는 자신이 자녀의 생각대로 모두 받아주면서 자신은 소통하고 있다고 생각하지만, 일방적인 욕구를 채워줄 뿐 소통은 이루어지지 않고 있다는 사실을 모른다.

패자형 부모에게 참 슬픈 것이 있는데, 시간이 지나면서 부모가 자녀와 함께 있는 것을 싫어하는 경우다. 아이들 뒤치다꺼리만 한다고 생각하기 때문에 아이와 떨어질 때 비로소 마음의 평안을 찾게 된다. 아이를 위한다고 하면서 결국에는 아이와 함께하는 시간을 버거워한다. 요즘 이런 유형의 부모가 참 많다. 아이랑 함께 있는 게 싫어서 직장을 다니거나 집에 있으면서 학원이나 돌봄에 보내는 엄마들도 많다.

동요형 부모는 스스로도 혼란을 겪고 있는 사람들이다. 또 자녀들도 문제를 가질 가능성이 가장 높기도 하다. 동요형 부모는 같은 상황에서 어떤 때는 권위적이다가도 어떤 때는 자녀의 생각을 들어준다. 부모는 자녀와 소통을 한다고 생각하지만, 부모가 일관되지 않기 때문에 아이의 입장에서는 혼란을 겪게 된다. 자녀 입장에서 동요형 부모는 정말 힘들다. 자녀는 자신의 말을 들어주는 부모에게 동일한 요구를 하다가 뒤통수를 맞는 경우가 생기기도 한다. '이전에는 이렇게 하면 됐는데, 오늘은 왜 그러지.' 이런 생각을 하는 것이다. 자녀들은 자신의 말대로 따라주는 부모를 보면서도 언제 어떻게 권위적으로 변할지 모를 상황이 대비한다. 이런 일이 반복되다 보면, 권위적인 부모 밑에 있는 아이들과 비슷한 감정을 느끼고, 거기에다가 부모의 이중성에 신뢰나 믿음까지 잃어버리게 된다. 그렇게 되면 부모와 자녀가 완전히 단절되고 만다. 이런 경우에 다른 사람들과의 관계에서도 신뢰감을 형성하지 못한다.

패자형 부모와 동요형 부모, 그리고 승자형 부모 역시 모두 자녀를 위한다고 생각하지만, 시간이 지날수록 불통의 원인이 된다. 양육에 정답은 없지만, 자녀와 소통하지 못한 양육은 그 어떤 것도 부모와 자녀 모두에게 행복을 줄 수 없다.

부모와 자녀 모두 승리하는 방법

〈부모 역할 훈련〉을 쓴 토마스 고든은 부모와 자녀가 이기고 지는 방법 말고 '무패 방법(No lose)'이 있다고 한다. 부모와 자녀가 모두 승자인 이 방법은 부모의 생각과 뜻도 관철되고, 자녀의 생각과 뜻도 반영되는 방법이다.

부모와 자녀 모두 승리하는 방법은 진심을 담아 공감하는 대화다. 이 방법으로 서로 소통할 수 있다. 토마스 고든은 자녀에게 강요하지 않고 부모의 뜻과 감정을 아이에게 전달하고, 자녀 또한 자신의 뜻과 감정을 표현하는 것을 대화의 방법이라고 말한다. 지는 사람이 없고, 모두 승리하는 방법은 쌍방 간의 마음을 진심으로 이야기하고, 서로 조율하여 나가는 방법이다. 여기에서 중요한 것은 부모와 자녀 모두 자신의 생각과 감정을 솔직하게 그대로 전하는 것이다.

자신의 생각과 감정을 솔직하게 전하기 위해서는 '나-메시지'로 전달하는 것이 무엇보다 중요하다. 어떤 상황이나 말 때문에 내 감정의 상태가 어떠하다는 것을 전하는 것이다. 여기에 강압이나 억지가 아니라 진솔함을 전하면 된다. 화가 나서 감정대로 표현하는 경우가 많은데, 그래서 우리가 훈련이 필요한 것이다.

부모와 자녀가 마찰이 생길 때 부모가 감정적으로 격해지는 것처럼 아이도 감정적이 된다. 자녀가 사춘기라면 더 심하게 반응한다. 부모 뜻대로 따라주는 경우도 있지만, 그렇지 않은 경우도 많다. 그러면 부모는 더 감정적으로 행동하고 자녀의 생각이나 말은 전혀 듣지 않다. 자신의 이야기대로 하지 않은 것 때문에 화가 더 난 상태라서 아이가 자신의 뜻을 따라 행동하길 원한다. 그런데 아이가 계속 따라 주지 않으면 화가 더 난다.

그래서 여기서 자녀가 자신의 이야기를 할 때 부모가 아이의 말에 공감하는 경청이 필요하다.

부모도 아이도 상처를 받지 않기 위해서는 서로의 이야기를 나눠야 하는데, 아이 입장에서 자신의 이야기에 집중해서 잘 들어주고 있다는 느낌을 줘야 한다. 또한 이야기하는 사람의 감정에 공감하는 마음도 필요하다.

부모와 자녀를 동등한 입장에서 보면, 이건 서로의 의견 차이에서 오는 것이다. 그래서 부모의 생각대로 자녀가 따라주지 않을 때에도 부모와 자녀 모두 이런 마음으로 대화를 할 때 서로에게 깊은 이야기를 나눌 수 있다. 또 서로에게 생기는 갈등을 상처가 되지 않게 해결할 수 있다.

부모와 자녀 모두 이기는 방법은 부모의 의견대로만, 아이의 의견대로만 행하는 것이 아니라 서로의 의견을 듣고 가장 좋은 것을 선택하는 것이기 때문에 부모도 자녀도 상처를 받지 않는다.

같이 의논하고 선택하고도 지켜지지 않을 때가 있는데, 지켜지도록 부모도 자녀도 노력해야 한다. 만약 지켜지지 않았을 경우에는 어떻게 해야 할지 그것도 같이 이야기하면 좋다.

부모와 아이가 이야기하면서 가장 좋은 방법을 찾아가면서 지낸다는 것이 그리 쉽지 않다. 그만큼 부모도 아이도 노력을 해야한다. 가장 사랑하는 가족끼리 사랑만 가득했으면 좋겠다.